팔곡 구사맹 〈亂後吊亡錄〉은 李海壽 〈亂後悼亡錄〉을 차운한 문헌
죽은 자에 대한 위로와 산 자의 슬픔에 대한 정화
추모하는 인물 56명 전원의 略傳 정리

약포 이해수
난후도망록

藥圃 李海壽 亂後悼亡錄

李海壽 원저 · 申海鎭 역주

보고사
BOGOSA

머리말

이 책은 시제(詩題)가 50개로서 56명의 죽은 자를 추모하는 한시(漢詩)로 묶여진 이해수(李海壽)의 〈난후도망록(亂後悼亡綠)〉을 번역하였다.

이 56명은 전사한 장수와 의병장을 포함하여 난리를 겪으며 병이나 굶주림으로 죽은 친지 또는 가족을 위해 희생한 효자 및 왜적에게 붙잡히자 순절한 자 등을 기린 인물들이다. 그 추모한 이의 죽은 연도와 인원수는 각각 1592년 30명, 1593년 18명, 1594년 6명, 1598년 1명, 몰년 미상 1명이다. 무엇보다도 왜적에게 붙잡히자 절개를 지키려고 자결한 아낙 등을 기리고 있는 것은 전공(戰功)을 세운 이들이야 청사(靑史)에 이름을 남겼지만 그들의 피해나 희생이야말로 알려지지 않았을 것이니 남다른 의미를 지닌다고 하겠다.

이들은 이해수가 직접 견문했거나 자신 또는 집안간의 돈독한 관계에서 비롯된 특별한 인연을 통해 그들의 삶에 대하여 인정을 해주는 따뜻한 위로의 대상이었을 것이다. 그 존재가 소멸되거나 잊혀지지 않도록 그들을 선택한 것은 삶과 뜻을 안타깝게도 비록 이루지 못했을망정 살아남은 자가 기억하며 슬퍼하고 있다고 따뜻하게 위로하는 것에 다름없기 때문이다.

그렇다면 이러한 추모 인물에 대한 선택과 관련된 정황을 미루어 보기 위해서라도 혼반관계를 포함한 이해수 개인의 이력을 가급적 상세히 살필 필요가 있지 않을까 한다.

이해수(李海壽, 1536~1599)의 본관은 전의(全義), 자는 대중(大中), 호는 약포(藥圃)·경재(敬齋)이다. 조부는 신천군수(信川郡守) 이창형(李昌亨, 1458~1536)이며, 할머니 밀양박씨(密陽朴氏)는 제용감첨정(濟用監僉正) 박유(朴惟)의 딸이다. 아버지는 이창형의 둘째 아들 영의정 약봉(藥峯) 이탁(李鐸, 1509~1576)이며, 어머니 용인이씨(龍仁李氏, ?~1555)는 이종번(李宗藩)의 딸이다.

이해수는 이탁의 둘째 아들이며, 그의 부인 동래정씨(東萊鄭氏)는 사재감부정(司宰監副正) 정익겸(鄭益謙)의 아들인 판도진시사(判都津寺事) 정유의(鄭惟義)의 딸이다. 정유의는 진주강씨(晉州姜氏) 강홍립(姜弘立, 1560~1627)의 외조부이니, 이해수는 강홍립의 이모부가 된다. 장인인 정유의의 생모 경주최씨(慶州崔氏)는 최자식(崔自湜)의 딸로 1남을 두었고, 계모 전주이씨(全州李氏)는 생원 이승형(李承亨, 1463~1504)의 딸로 4남2녀를 두었다. 장인에게 계모 소생인 이복동생으로 정유신(鄭惟愼: 鄭撝謙의 양자, 1519~1577)·정유서(鄭惟恕, 1532~?)·정유청(鄭惟淸, 1534~1598)·정유순(鄭惟醇) 등 남동생과 두 여동생이 있다.

1555년 생원시에 합격하고, 1563년 알성문과에 급제하였다. 곧 검열이 되고, 이어 세자시강원설서·성균관전적 등을 거쳐 공조·예조·병조 좌랑을 역임하였다. 1568년 이조좌랑, 성균관직강, 이조정랑이 되었고, 1571년 응교, 사간, 집의, 성균관사성, 홍문관 전한 등을 차례로 거친 뒤 1573년 동부승지, 좌부승지를 지내고, 1575년 호조참의·대사간을 비롯해 공조·병조 참의를 역임하고는 1580년 외직으로 나가 황해도관찰사가 되었다. 1582년 성절사(聖節使)로 명나라에 다녀왔다. 그는 서인(西人)으로 1583년에 도승지가 되었으나 동인에 밀려 1585년 여주목사로 좌천되었다. 1587년에 충청도관찰사로 나갔다가 다시 대사간이 되고, 1591년 다시 여주목사로 밀려났다. 그해 서인(西人) 정철(鄭澈)이 세자책봉 건의 문제에 그도 연루되어 종성(鍾城)으로 유배되었다.

　　1592년 임진왜란이 일어나자 유배지에서 풀려나와 함흥(咸興)에 이르러 왕이 파천하였다는 소식을 듣고 의주(義州) 행재소로 가서 왕을 호종하였다. 이어 대사간이 되었으며, 1593년 호조와 공조 참의를 지내다가 중전을 모시고 1594년까지 해주(海州)에 머물렀다. 대사성을 거쳐 부제학에 이르렀다가 파직되기도 했지만, 1597년 서용되어 병조와 예조의 참의를 지냈다. 그해 최립(崔岦)과 함께 영위사(迎慰使)가 되어 송도(松都)로 갔으나 다음해에 직임을 수행하지 못해 체포되어 파직되었다. 1599년 다시 서용되었지만 그해 11월 종기로 인해 향년 64세로 세상을 떠났다.

이러한 이력 속에서 이해수가 직접 보고 겪거나 전해 들은 안타까운 죽음을 애도했을 터, 그 중에서 성영달(成永達)을 성영건(成永健)으로, 김응건(金應健)을 김응건(金應鍵)으로 기록된 것은 분명 친밀도가 떨어지는 인물들로 전해 들은 죽음을 추모한 것이 아닌가 한다. 특히, 처삼촌인 정유청의 죽음을 제외하고는 1594년 이전 죽은 인물들에 대해 추모한 것임을 주목한다면, 아마도 중전을 모시고 해주에 머물렀을 때 〈난후도망록〉을 지은 것으로 짐작된다. 다만 정유청을 추모한 한시는 훗날 덧붙인 것으로 보이지만, 후미가 아닌 16번째로 삽입한 것은 성책(成冊)할 때 일어난 것이 아니겠는가.

　　이러한 추론을 뒷받침할 수 있는 것은 팔곡(八谷) 구사맹(具思孟, 1531~1604)이 지은 〈난후조망록(亂後吊亡錄)〉의 자서(自序)에 보인다. 곧, "이 〈난후조망록〉은 약옹(藥翁) 이해수가 28명을 선별하여 엮은 〈난후도망록〉을 1594년 가을에 본 후 차운한 것으로, 인물을 더 보충하고 조목을 나누어 체제를 갖추게 된 것이 1594년 11월 상순이었다. 남성 78명과 여성 8명을 선별하여 17개 표제로 분류하면서, 약옹이 먼저 짓고 차운한 것은 제목에 '차(次)'를, 〈난후도망록〉에 수록되지 않아 보충한 것은 제목에 '보(補)'를, 팔곡의 개인적인 슬픈 일 등에 관련된 것은 차서(次序)를 따르지 않았다."라고 밝혀 놓았기 때문이다.

　　이해수의 시문은 1998년 정필용(鄭弼溶)이 정리한 것에 따르면,

"신묘년(1591년)의 화(禍)를 당하여 가인(家人)들에 의하여 불태워지고 다시 임진왜란을 겪는 와중에서 유실되는 바람에 난리 후에 수습되어 가장(家藏)된 것은 극히 적은 부분에 지나지 않았으니, 난후도망록(亂後悼亡錄), 병신잡고(丙申雜稿), 송도잡영(松都雜詠), 송도후록(松都後錄), 습유록(拾遺錄) 등 약간 권뿐이었다. 이후 이해수의 손자 이성신(李省身, 1580~1651)과 증손 이재(李梓, 1606~1657)가 가장 초본(家狀草本)을 만들고, 1687년 이선(李選, 1632~1692)이 세의(世誼)를 생각하여 이 가장 초본을 추보(追補)하여 행장(行狀)을 짓고 유고(遺稿)를 등출(謄出)하고 다시 시(詩) 약간 권을 모아 붙이고 비장(碑狀), 만제문자(挽祭文字) 등을 붙여 간행하려고 하였다. 그러나 1689년의 기사환국(己巳換局)으로 이선(李選)이 거성(車城: 機張)으로 유배를 가게 되어 일이 중단되었지만 유배지에서 그동안의 작업을 정리하여 정고본(定稿本)을 만들고 1691년 발문(跋文)을 적어 상자에 보관해 두었다. 한편 저자의 족증손 이담(李橝, 1629~1717)은 이선(李選)의 권유와 저자의 현손 이형하(李亨夏)의 부탁을 받고 1697년에 〈약포유고유사(藥圃遺稿遺事)〉 14조를 찬술하였다. 그러다 1727년에 저자의 현손 이필하(李弼夏)의 유명(遺命)을 받들어 그 외손(外孫)이자 이해수의 외육대손(外六代孫)인 조영세(趙榮世)가 위의 정고본(定稿本)에 이재(李縡)의 서문(序文), 간행기(刊行記), 세계(世系), 유사(遺事) 등을 덧붙여 안동부사(安東府使)로 있으면서 3책의 목판(木板)으로 간행하였다."라고 편찬 및 간행 과정을 설명하였다. 이 초간본은 현재 연세대학교 중앙도서관(811.97-이해수-약)에 소장되어 있다. 〈난후도망록〉은 《약포유고(藥圃遺稿)》 권3에 실려 있다.

이 〈난후도망록〉에 대한 연구가 거의 전무한 실정이다. 패배한 관군, 항쟁한 의병장, 수난을 겪은 백성 등의 안타까운 죽음을 애도하였으니, 그들의 삶과 죽음에 대한 따뜻한 위로의 시선을 살펴볼 수 있지 않을까 한다. 같은 시간과 공간에 있었으면서도 단지 먼저 갔다는 이유로 그들의 존재가 소멸되고 잊혀지는 것을 방지하며 공유했던 순간을 떠올리는 등 슬퍼하는 감정의 결을 또한 살필 수 있지 않을까 한다. 전란에 의해 희생된 인물들을 추념하여 애도하는 감정을 한시로 형상화하였으니, 한시의 특성상 어떤 감정을 과도하게 늘어놓지 않고 짧은 시구를 통해 간명하게 나타내는지라, 정제된 형식과 표현의 미감으로 애도하는 인물들의 다양한 국면을 함축적으로 전달하였기 때문이다. 그래서 이 책에서는 관련 자료를 보충하여 56명 인물의 약전(略傳)을 정리하였는데, 그들에게 자신의 존재가 잊혀지지 않았음에 안도하기를 바란다면 과욕이런가.

이 책을 통해 16세기 말 민족수난 당시 안타까이 죽은 인물에 대한 시인의 감정을 한번 정도 공감해 보며, 전란의 실제와 그 희생자들에 대해 추념해 보는 것도 결코 나쁘지 않으리라 여긴다.

한결같이 하는 말이지만 나름대로 최선을 다하고자 했다. 그러함에도 불구하고 여전히 부족할 터이니 대방가의 질정을 청한다.
끝으로 편집을 맡아 수고해 주신 보고사 가족들의 노고와 따뜻한
마음에 심심한 고마움을 표한다.

2024년 6월 빛고을 용봉골에서

신해진

차례

난후도망록亂後悼亡錄

번역과 원문

일러두기

이 책은 다음과 같은 요령으로 엮었다.

01. 번역은 직역을 원칙으로 하되, 가급적 원전의 뜻을 해치지 않는 범위 내에서 호흡을 간결하게 하고, 더러는 의역을 통해 자연스럽게 풀고자 했다.

02. 원문은 저본을 충실히 옮기는 것을 위주로 하였으나, 활자로 옮길 수 없는 古體字는 今體字로 바꾸었다.

03. 원문표기는 띄어쓰기를 하고 句讀를 달되, 그 구두에는 쉼표(,), 마침표 (.), 느낌표(!), 의문표(?), 홑따옴표(' '), 겹따옴표(" "), 가운데점(·) 등을 사용했다.

04. 주석은 원문에 번호를 붙이고 하단에 각주함을 원칙으로 했다. 독자들이 사전을 찾지 않고도 읽을 수 있도록 비교적 상세한 註를 달았다.

05. 이 책에 소개된 인물 약전은 『한국민족문화대백과』(한국학중앙연구원), 『두산 백과 두피디아』 등 인터넷 자료들을 토대로 하되 관련 문헌 및 각 집안의 족보 사항을 보충하여 정리한 것임을 밝혀 둔다. 참고 출처를 일일이 밝히지 않은 것에 대해 관계 기관의 양해를 바라면서, 각 집안의 대종회 관계자들께서 베풀어 주신 도움에 진심으로 감사드린다.

06. 이 책에 사용한 주요 부호는 다음과 같다.
    (   ) : 同音同義 한자를 표기함.
    [   ] : 異音同義, 出典, 교정 등을 표기함.
    "   " : 직접적인 대화를 나타냄.
    '   ' : 간단한 인용이나 재인용, 또는 강조나 간접화법을 나타냄.
    〈   〉 : 편명, 작품명, 누락 부분의 보충 등을 나타냄.
    「   」 : 시, 제문, 서간, 관문, 논문명 등을 나타냄.
    《   》 : 문집, 작품집 등을 나타냄.
    『   』 : 단행본, 논문집 등을 나타냄.

난후도망록
亂後悼亡錄

번역과 원문

01. 참판 조여식을 조문하다(弔趙參判汝式)

　제독 조헌은 호서에서 대의를 부르짖어 문도를 이끌고 곧바로 금산의 적진으로 쳐들어가 대치하며 힘껏 싸웠으나 아비와 아들이 함께 죽었으며, 적 또한 진영을 버리고 달아나니 사람들이 모두 장하게 여겼다.

　【甲午加贈判書】

　趙提督憲, 倡義湖西, 率其門徒, 直入錦山賊鎭, 對壘力戰, 父子同死, 賊亦棄鎭而遁, 人皆壯之。

　태평시대 곧은 풍도 지닌 이가 공 아니고 누구랴
　의병을 이끌고 왕실을 지키려 죽음을 불사하였네.
　세상에 유래 없는 영웅들이 응당 눈물을 흘리나
　하늘이 끝내 알아주지 않았으니 어떻게 하겠는가.
　明時遺直[1]匪公誰, 倡義勤王死不移。
　千古英雄應有淚, 奈何天道竟無知。

1　遺直(유직): 마음이 곧았던 옛사람의 풍도가 있는 정직한 사람.《春秋左氏傳》〈昭公〉 14년에 孔子가 叔向을 두고 "숙향은 옛날의 유직이다.(叔向古之遺直也.)"라고 하였다.

■ 조헌(趙憲, 1544~1592)

　본관은 배천(白川), 자는 여식(汝式), 호는 중봉(重峯)·도원(陶原)·후률(後栗). 할아버지는 조세우(趙世佑)이고, 아버지는 조응지(趙應祉)이다. 조응지의 첫째 부인 용성차씨(龍城車氏)는 차순달(車順達)의 딸이며, 둘째 부인은 강릉김씨(江陵金氏)이다. 조헌은 용성차씨 소생이다. 그의 첫째 부인 영월신씨(寧越辛氏)는 신세함(辛世誠)의 딸이며, 둘째 부인 남평문씨(南平文氏)는 문명우(文明遇)의 딸이며, 셋째 부인 전주이씨(全州李氏)는 이탁(李鐸)의 딸이다.

　1565년 성균관에 입학했으며, 1567년 식년문과에 급제하였다. 1568년 처음 관직에 올라 정주목·파주목·홍주목의 교수를 역임하면서 사풍(士風)을 바로잡았다. 1572년부터 교서관의 정자·저작·박사를 지내면서, 궁중의 불사봉향(佛寺封香)에 반대하는 소(疏)를 올려 국왕을 진노케 하였다. 1575년부터 호조·예조의 좌장, 성균관전적·사헌부감찰을 거쳐, 경기도 통진현감으로 있을 때, 내노(內奴)의 횡행죄를 엄히 다스리다 죽인 죄로 탄핵을 받아 부평으로 귀양갔다가 3년 만에 풀려났으며, 다시 공조좌랑·전라도도사·종묘서영(宗廟署令)을 역임하였다. 1582년 계모를 편히 모시기 위하여 보은현감을 자청하여 나갔다가 대간의 모함에 따른 탄핵을 받아 파직되었다가, 다시 공주목 제독(公州牧提督)을 지냈다. 1587년 정여립(鄭汝立)의 흉패함을 논박하는 만언소(萬言疏)를 지어 현도상소(縣道上疏)하는 등 5차에 걸쳐 상소문을 올렸으나 모두 받아들여지지 않았다. 다시 일본 사신을 배척하는 소와 이산해(李山海)가 나라를 그르침을 논박하는 소를 대궐문 앞에 나아가 올려 국왕의 진노를 샀다. 관직에서 물러난 뒤 옥천군 안읍밤티(安邑栗峙)로 들어가 후률정사(後栗精舍)라는 서실을 짓고 제자 양성과 학문을 닦는 데 전념하였다. 1589년 지부상소(持斧上疏)로 시폐(時弊)를 극론하다가 길주 영동역(嶺東驛)에 유배되었으나, 그해 정여립(鄭汝立)의 역모사건으로 동인이 실각하자 풀려났다. 1591년 일본의 풍신수길(豊臣秀吉)이 현소(玄蘇) 등을 사신으로 보내어 명나라를 칠 길을 빌리자고 하여, 조정의 상하가 어찌할 바를 모르고 있을 때, 옥천에서 상경, 지부상소로 대궐문 밖에서 3일간 일본 사신을 목 벨 것을 청했으나 받아들여지지 않았다.

1592년 임진왜란이 일어나자 옥천(沃川)에서 의병을 일으켜 영규(靈圭) 등 승병과 합세해 청주성(淸州城)을 탈환하였다. 이어 전라도로 향하는 왜군을 막기 위해 금산전투(錦山戰鬪)에서 분전하다가 의병들과 함께 전사하였다.

02. 찬성 김사중을 조문하다(弔金贊成士重)

계사년(1593) 7월에 진주가 적에게 함락되었고, 창의사 김천일
이 그곳에서 죽었다.

癸巳七月, 晉州爲賊所陷, 倡義使金千鎰死之。

의병 일으켜 나라 지킨 충성을 초목은 기억하리니
도성의 회복이야말로 이것은 누구를 위함이런가.
고립된 성에서 죽음에 사람들이 애석하게 여기고
장순과 허원처럼 아름다운 이름 만고에 드리우네.
倡義精忠[1]草木知, 神州[2]恢復是誰爲。
孤城一死人嗟惜, 巡遠[3]芳名萬古垂。

---

1 精忠(정충): 순수하고 한결같은 충성. 나라에 대한 충성을 말한다.
2 神州(신주): 神州赤縣. 도성을 뜻하는 말.
3 巡遠(순원): 唐나라 玄宗 때 安祿山이 漁陽에서 반란을 일으켜 장안을 향해
   파죽지세로 밀려올 때, 睢陽에서 이들을 맞아 싸우다가 장렬하게 전사했던
   張巡과 許遠 두 장수를 가리킴.

▌김천일(金千鎰, 1537~1593)

본관은 언양(彦陽), 자는 사중(士重), 호는 건재(健齋)·극념당(克念堂). 아버지는 1534년 진사시에 합격한 김언침(金彦琛)이며, 어머니 양성이씨(陽城李氏)는 부위(副尉) 이감(李瑊)의 딸이다. 부인 김해김씨(金海金氏)는 김효공(金孝恭)의 딸이다.

1578년 임실 현감(任實縣監)을 지냈다. 1592년 임진왜란 때 나주에서 고경명(高敬命)·박광옥(朴光玉)·최경회(崔慶會) 등에게 글을 보내 창의기병(倡義起兵)할 것을 제의하는 한편, 5월 6일 의병을 일으켜 담양에서 회합하였다. 그 뒤 나주에서 송제민(宋濟民)·양산숙(梁山璹)·박환(朴懽) 등과 함께 의병의 기치를 들고 의병 300명을 모아 북쪽으로 출병하였다. 한편, 공주에서 조헌(趙憲)과 호서지방 의병에 관해 협의하고는 곧 수원에 도착하였다. 수원의 독성산성(禿城山城)을 거점으로 삼아 본격적인 군사 활동을 전개하여 유격전으로 개가를 올렸다. 특히, 금령전투(金嶺戰鬪)에서는 일시에 적 15명을 참살하고 많은 전리품을 노획하는 대전과를 올렸다. 8월에 전라병사 최원(崔遠)의 관군과 함께 강화도로 진을 옮겼다. 이 무렵 조정으로부터 창의사(倡義使)라는 군호(軍號)를 받고 장례원판결사(掌隷院判決事)에 임명되었다. 강화도에 진을 옮긴 뒤 강화부사·전라병사와 협력하여 연안에 방책(防柵)을 쌓고 병선을 수리해 전투태세를 재정비하였다. 강화도는 당시 조정의 명령을 호남·호서에 전달할 수 있는 전략상의 요충지였다. 9월에는 통천(通川)·양천(陽川) 지구의 의병까지 지휘했고 매일같이 강화 연안의 적군을 공격했으며, 양천·김포 등지의 왜군을 패주시켰다. 한편, 전라병사·경기수사·충청병사, 추의병장(秋義兵將) 우성전(禹性傳) 등의 관군 및 의병과 합세해 양화도전투(楊花渡戰鬪)에서 대승을 거두었다. 또한, 일본군의 원릉(圓陵) 도굴 행위도 막아 이를 봉위(奉慰)하기도 하였다. 다음해인 1593년 정월 명나라 군대가 평양을 수복, 개성으로 진격할 때 이들의 작전을 도왔으며, 명나라와 왜적 사이에 강화가 제기되자 반대 운동을 전개하였다. 서울이 수복되어 굶주리는 자가 속출하자 배로 쌀 1,000석을 공급해 구휼하였다. 전투에서도 경기수사·충청수사와 함께 선유봉(仙遊峯) 및 사현전투(沙峴戰鬪)에서 다수의 적을 참살, 생포하고 2월에는 권율(權慄)의 행주산성전투(幸州山城戰鬪)에 강화도로부터 출진해 참가하였다. 이들 의병은 강화도를 중심으로 장기간의 전투에서 400여 명의 적을 참살하는 전공을 세웠다.

1593년 4월 왜군이 서울에서 철수하자 이를 추격, 상주(尙州)를 거쳐 함안(咸安)에 이르렀다. 이때 명나라와 왜적 사이의 강화가 추진 중인데도 불구하고 남하한 적군의 주력은 경상도 밀양(密陽) 부근에 집결하여 동래(東萊)·김해(金海) 등지의 군사와 합세해 1차 진주싸움의 패배를 설욕하기 위한 진주성 공격을 서두르고 있었다. 이에 6월 14일 300명의 의병을 이끌고 입성하자 여기에 다시 관군과 의병이 모여들었다. 합세한 관군·의병의 주장인 도절제(都節制)가 되어 항전 태세를 갖추었다. 10만에 가까운 적의 대군이 6월 21일부터 29일까지 대공세를 감행하자 아군은 중과부적임에도 분전했으나 끝내 함락되고 말았다. 이에 아들 김상건(金象乾)과 함께 촉석루(矗石樓)에서 남강(南江)에 몸을 던져 순사하였다.

03. 판서 고이순을 조문하다(弔高判書而順)

　　동래부사 고경명이 호남에서 의병을 일으켜 임진년(1592) 7월에
금산의 적진 속으로 쳐들어가 동지들과 힘껏 싸우다가 죽었다.
나는 그 말을 듣고 슬프게 여겼는데, 절개를 굽히지 않은 것이
장하여서 노래를 지어 위로한다.

　　高東萊敬命, 倡義湖南, 壬辰七月, 入錦山賊鎭, 與同志力戰
而死。余聞而悲之, 壯其立節[1], 歌以慰之。

　　몸을 잊고 의병을 일으키니 기이하다 여겼거늘
　　인을 구하다 죽었으니 또한 어찌 슬퍼하겠는가.
　　시문의 뛰어난 재주야 진정 그다지 중요치 않고
　　목숨을 바친 당당한 절의가 후세에 길이 빛나네.
　　倡義忘身已自奇, 求仁[2]得死又何悲。
　　才華八斗[3]眞餘事, 大節堂堂耀後時。

1　立節(입절): 절개를 굽히지 않음.
2　求仁(구인): 인을 구함. 지조와 절개로 의리를 지킴.
3　才華八斗(재화팔두): 八斗才華. 시문의 재주가 뛰어남. 남조 송나라의 시인
　　謝靈運이 "천하의 글재주가 모두 합쳐서 한 섬이라면, 조자건 혼자 여덟
　　말을 차지하고, 나는 한 말이요, 나머지 한 말을 천하 사람들이 나누어 갖고

■ 고경명(高敬命, 1533~1592)

  본관은 장흥(長興), 자는 이순(而順), 호는 태헌(苔軒)·제봉(霽峯). 할아버지는 고운(高雲)이며, 아버지는 대사간 고맹영(高孟英, 1502~1565)이다. 고맹영의 첫째 부인 남평서씨(南平徐氏)는 진사 서걸(徐傑)의 딸이며, 둘째 부인 선산임씨(善山林氏)는 임억령(林億齡, 1496~1568)의 딸이다. 고경명은 남평서씨 소생이다. 부인 울산김씨(蔚山金氏)는 부제학(副提學) 김백균(金百鈞, 1525~1584)의 딸이다.

  1552년 진사가 되고, 1558년 식년문과에 장원으로 급제하여 성균관전적(成均館典籍)에 임명되고, 이어서 공조좌랑이 되었다. 그 뒤 홍문관의 부수찬·부교리·교리가 되었을 때 인순왕후(仁順王后)의 외숙인 이조판서 이량(李樑)의 전횡을 논하는 데 참여하고, 그 경위를 이량에게 몰래 알려준 사실이 드러나 울산군수로 좌천된 뒤 파직되었다. 1581년 영암군수로 다시 기용되었으며, 이어서 종계무변 주청사(宗系辨誣奏請使) 김계휘(金繼輝)와 함께 서장관(書狀官)으로 명나라에 다녀왔다. 이듬해 서산군수로 전임

있다.(天下才有一石, 曹子建獨占八斗, 我得一斗, 天下共分一斗.)"라고 한 데서 나온 말이다. 子建은 魏나라 曹植의 자이다.

되었는데, 명사 원접사(明使遠接使) 이이(李珥)의 천거로 종사관(從事官)이 되었으며, 이어서 종부시첨정(宗簿寺僉正)에 임명되었다. 1590년 승문원판교(承文院判校)로 다시 등용되었으며, 이듬해 동래부사가 되었으나 서인이 실각하자 곧 파직되어 고향으로 돌아왔다.

1592년 임진왜란이 일어나 서울이 함락되고 왕이 의주(義州)로 파천했다는 소식을 전해 들은 그는 각처에서 도망쳐 온 관군을 모았다. 두 아들 고종후(高從厚)와 고인후(高因厚)로 하여금 이들을 인솔해, 수원(水原)에서 왜적과 항전하고 있던 광주목사(廣州牧使) 정윤우(丁允佑)에게 인계하도록 했다. 전라좌도 의병대장에 추대된 그는 종사관에 류팽로(柳彭老)·안영(安瑛)·양대박(楊大樸), 모량 유사(募糧有司)에 최상중(崔尙重)·양사형(楊士衡)·양희적(楊希迪)을 각각 임명했다. 그러나 금산전투(錦山戰鬪)에서 패하였는데, 후퇴하여 다시 전세를 가다듬어 후일을 기약하자는 주위의 종용을 뿌리치고 "패전장으로 죽음이 있을 뿐이다."라고 하면서 물밀듯이 밀려오는 왜적과 대항하여 싸우다가 아들 고인후와 류팽로·안영 등과 더불어 순절했다.

04. 경상우병사 최경회(慶尙右兵使崔慶會)

   호남 사람으로 문무의 재능이 있었으니 대의를 부르짖어 의병을 일으켰는데, 호남에서 영남에 이르렀다가 적을 만나 예봉이 꺾여 또한 진주에서 죽으니 사람들이 모두 애석하게 여겼다.

   湖南人也, 有文武才, 倡義起兵, 自湖抵嶺, 遇賊挫銳, 亦死于晉州, 人皆惜之。

   일찍이 들으니 재주 남보다 우뚝 뛰어나고
   세상이 어지럽자 곧 절의가 높은 줄 알았네.
   크나큰 업적 이룰 적에 하늘이 돕지 않아서
   남쪽 오랑캐가 되레 간모를 읊을 줄 아누나.
   曾聞才調拔羣曹[1], 世難方知節義高。
   大業垂成天不助, 南人猶解詠干旄[2]。

---

1 曹(조): 類. 무리.
2 干旄(간모): 깃대 머리를 쇠꼬리털로 장식하여 수레 뒤에 꽂는 깃발인데, 《詩經》〈鄘風·干旄〉의 "펄럭이는 간모여, 준읍의 교외에 있구나.(孑孑干旄, 在浚之郊。)"에서 유래한 말이다. 朱熹의 해석에 의하면 이 시는 위나라 대부가 수레에 물소 꼬리털 깃발을 꽂고서 준읍으로 현자를 만나러 간 것을 노래한 것이다.

■ 최경회(崔慶會, 1532~1593)

  본관은 해주(海州), 자는 선우(善遇), 호는 삼계(三溪)·일휴당(日休堂). 전라남도 능주(陵州) 출신이다. 아버지는 최천부(崔天符, 1502~1552)이며, 어머니 순창임씨(淳昌林氏, 1504~1590)는 임회(林檜)의 손녀이자 임철공(林鐵恭)의 딸이다. 최경회의 첫째 부인 나주김씨(羅州金氏)는 김원(金遠)의 딸이며, 둘째 부인은 여흥민씨(驪興閔氏)이며, 측실 의암부인(義巖夫人: 논개)은 신안주씨(新安朱氏) 주달문(朱達文)의 딸이다.

  1561년 생원시에 합격하고, 1567년 식년문과에 급제하였다. 1574년 성균관전적, 사헌부감찰, 형조좌랑을 거쳐 옥구현감(沃溝縣監)을 역임하였고, 이어 장수현감(長水縣監), 무장현감(茂長縣監), 영암군수(靈岩郡守)를 지냈다. 1584년 다시 호조정랑, 영해부사(寧海府使)를 역임하였고, 이어 사도시정(司導寺正), 담양 부사(潭陽府使)를 지내던 중 1590년 어머니 상을 당하여 사직하고 화순으로 귀가 하였다.

  1592년 상중(喪中)이라서 집에 있다가 임진왜란이 일어나자 형 최경운(崔慶雲, ?~1596)·최경장(崔慶長, 1529~1601)과 함께 고을 사람들을 효유(曉諭)하여 의병을 모집하였는데, 이때 고경명(高敬

命)이 이미 전사한 뒤여서 그의 휘하였던 문홍헌(文弘獻, 1551~
1593) 등이 남은 병력을 수습하여 합류함으로써 의병장에 추대되
었다. 의병장이 되어 금산(錦山)·무주(茂州) 등지로부터 전주·남
원으로 향하는 일본군을 장수(長水)에서 막아 싸웠고, 금산(錦山)
에서 퇴각하는 적을 추격하여 우지치(牛旨峙)에서 크게 격파하였
다. 이 전공 등으로 이듬해 경상우도병마절도사에 승진했다. 그해
6월 가등청정(加藤淸正) 등이 진주성(晉州城)을 다시 공격하자 창
의사 김천일(金千鎰), 충청병사 황진(黃進), 복수의병장(復讐義兵
將) 고종후(高從厚) 등과 함께 진주성을 사수하였으나 9일 만에
성이 함락되자, 남강(南江)에 투신해 자살하였다.

05. 동래부사 송상현을 조문하다(弔宋東萊象賢)

　　임진년(1592) 4월 왜놈들이 마침내 동래성을 함락하였다. 이때 동래부사 송상현은 버틸 수 없음을 알고 먼저 관아의 창고와 무기고를 불태운 뒤 스스로 목을 매달았으니, 그가 조용히 죽음에 나아간 것이 옛 사람에 부끄럽지 않았다. 나는 그가 중도에 죽은 것을 애석히 여기고 그가 절개를 굽히지 않은 것을 가상히 여겨 시를 지어 조문한다.

　　壬辰四月, 倭奴卒陷東萊。府使宋象賢, 知不可支, 先火官倉武庫, 仍以自縊, 其從容就死, 無愧於古人矣。余惜其中殞, 嘉其立節, 賦以弔之。

　　운명이런가, 이 사람이 상서롭지 못한 때 만났거늘
　　두 분의 어버이가 더더군다나 고당에 살아 계시네.
　　불굴의 기개 고스란히 남겨 청사의 기록으로 전하니
　　이름과 함께 자취 조용히 만고에 아름답게 남기리라.
　　命矣斯人逢不祥, 雙親況復在高堂[1]。
　　獨留風節[2]傳靑簡[3], 名與從容萬古芳。

■ 송상현(宋象賢, 1551~1592)

　본관은 여산(礪山), 자는 덕구(德求), 호는 천속(泉谷)·한천(寒泉).
아버지는 현감 송복흥(宋復興, 1527~1594)이며, 어머니 안동김씨
(安東金氏, 1527~1597)는 충의위(忠義衛) 김승석(金承碩)의 딸이다.
부인 성주이씨(星州李氏, 1555~1622)는 이온(李媼)의 딸이다.

　1570년 진사가 되고, 1576년 별시문과에 급제하여 승문원정자
에 보임되었으며, 경성판관(鏡城判官) 등을 지냈다. 1584년 종계변
무사(宗系辨誣使)의 질정관(質正官)으로 명나라에 다녀왔다. 귀국
뒤에 은계도찰방(銀溪道察訪)으로 좌천되기도 하였으나, 호조·예
조·공조의 정랑(正郞) 등을 거쳐 동래부사(東萊府使)가 되었다.

　1592년 임진왜란이 일어나 왜적이 동래성(東萊城)에 밀어닥쳤
을 때, 적군이 남문 밖에 목패(木牌)를 세우고는 "싸우고 싶으면
싸우고, 싸우고 싶지 않으면 길을 빌려 달라.(戰則戰矣, 不戰則假
道)" 하자, 그는 "싸워 죽기는 쉬우나 길을 빌리기는 어렵다.(戰死

1　高堂(고당): 높다랗게 짓고 호화롭게 꾸민 집. 남의 집을 높여 일컫는
　말이다.
2　風節(풍절): 불굴의 기개. 꿋꿋한 절개.
3　靑簡(청간): 靑史. 역사상의 기록.

易 假道難)"라고 목패에 글을 써서 항전할 뜻을 천명하였다. 군사를 이끌고 항전했으나 중과부적으로 함락되게 되자, 조복(朝服)을 갈아입고 단정히 앉은 채 적병에게 살해되었다. 충절에 탄복한 왜장 종의지(宗義智) 등이 시를 지어 동문 밖에 장사지내주었다 한다.

06. 율은 이사정의 부음을 듣다(聞李栗隱思定)

임진년 3월 28일 갑자기 세상을 떠나니 통곡한 끝에 마음을 가눌 수가 없어서 짧은 글을 짓고 봉하여 혼령이 있는 자리에 부친다.

壬辰三月卄八日, 暴逝, 痛哭之餘, 無以爲懷, 爲短詞, 緘寄靈筵[1].

끝이로구나, 이 사람이 이렇게 가고 말다니
세상에 곧고 성실한 견문 많은 이 없어졌네.
난리를 만나 허공을 슬피 바라만 볼 뿐
살았거나 죽었거나 그저 마음만 아프네.
已矣斯人逝, 人間益友[2]亡。
亂離空悵望, 存沒只心傷。

---

1 靈筵(영연): 죽은 사람의 靈几와 그에 딸린 모든 것을 차려 놓은 곳.
2 益友(익우): 유익한 벗.《論語》〈季氏〉의 "유익한 벗이 셋이 있으니, 정직하고 성실하고 견문이 많은 이가 바로 그들이다.(益者三友, 友直友諒友多聞, 益友.)"라고 한 孔子의 말에서 나온 표현이다.

살아남은 삶 괴로울 것이라며 나를 비웃으리니
그대에겐 지극한 낙이 늘 있으리란 것 알겠네.
저승으로 갔더라도 언젠가 다시 보게 되리니
이 몸이 가루 된들 영원히 어찌 잊을 것이랴.
笑我餘生苦, 知君至樂長。
九原[3]應更見, 糜粉[4]永何忘。

---

3 九原(구원): 중국 전국시대 晉나라의 卿大夫의 묘지. 전하여 묘지 또는 황천
   길을 뜻한다.
4 糜粉(미분): 粉碎. 단단한 물체를 가루처럼 잘게 부스러뜨림.

■ 이첩(李怗, 1533~1592)

본관은 우봉(牛峯), 자는 사정(思定), 호는 율은(栗隱). 아버지는
이지충(李之忠, 1509~1562)이며, 어머니 순천김씨(順天金氏, 1512~
1572)는 김적순(金迪順)의 딸이다. 1568년 진사시에 합격하였다.
이지충의 묘갈(墓碣)을 약포(藥圃) 이해수(李海壽)가 지었다. 이 묘
갈은 우봉이씨 족보에 기록되어 있지만, 약포유고(藥圃遺稿)에는
보이지 않는다.

부인 능성구씨(綾城具氏)는 봉사(奉事) 구순(具循)의 딸이다. 아
들은 광릉참봉(光陵參奉) 이대계(李大繼)이다. 사위는 함평이씨(咸
平李氏) 이영원(李榮元, 1565~1623)과 양주윤씨(楊州尹氏) 윤안국
(尹安國, 1569~1629)이다. 첫째 사위에서 외손자 이두양(李斗陽),
외손서 사인(士人) 이준발(李畯發)·목사 한수원(韓壽遠)이 있으며,
둘째 사위에서 외손자 윤미(尹牧)·윤유(尹攸)·윤징(尹徵), 외손서
집의(執義) 박정(朴炡: 박세당의 부친)이 있다.

07. 황길재와 정홍원의 부음을 듣다
(聞黃吉哉鄭弘遠訃)

길재와 홍원은 나와 같은 병신생이거늘
애통하게도 금년에 서로 잇따라 죽었네.
강건한 두 형이 아침 이슬처럼 먼저 떠났거늘
병 많아 쇠잔한 이 몸은 얼마나 오래 살려나.
吉哉弘遠吾同丙[1], 慟矣今年相繼亡。
兩兄強健先朝露[2], 多病殘生[3]更何長。

---

1 吾同丙(오동병): 黃允吉, 鄭士偉, 李海壽 모두 병신년 1536년생임을 가리킴.
2 朝露(조로): 짧은 목숨. 덧없는 것.
3 殘生(잔생): 쇠잔한 생애.

■ 황윤길(黃允吉, 1536~1592)

본관은 장수(長水), 자는 길재(吉哉), 호는 우송당(友松堂). 아버지는 영평현령 황징(黃懲)이며, 어머니 청주한씨(淸州韓氏)는 한경서(韓慶瑞)의 딸이다. 부인 안동김씨(安東金氏)는 군수 김곽(金鑊, 1525~1586)의 딸이다. 황윤길은 3남2녀 가운데 셋째 아들로 태어났다.

1558년 사마시에 합격하여 진사가 되고, 1561년 식년문과에 급제하였다. 1563년 정언을 거쳐 1567년 지평이 되었다. 그 뒤 여러 벼슬을 거쳐 1583년 황주목사를 지내고, 이어 병조참판에 이르렀다.

1590년 통신 정사(通信正使)로 선임되어 부사(副使) 김성일(金誠一), 서장관(書狀官) 허성(許筬)과 함께 수행원 등 200여명을 거느리고 대마도(對馬島)를 거쳐 오사카로 가서 일본의 관백(關白) 풍신수길(豊臣秀吉) 등을 만나보고 이듬해 봄에 환국하였다. 서인에 속한 그가 일본의 내침(來侵)을 예측하고 대비책을 강구해야 한다고 하였으나, 동인에 속한 김성일이 도요토미 히데요시의 인물됨이 보잘것없고 군사준비가 있음을 보지 못하였다고 엇갈린 주장을 하였다. 조정은 동인 세력이 강성하였으므로 서인인 황윤길의 의견을 묵살하였다. 결국 일본 침략의 적절한 대비책을 마련하지 못하고 말았다.

1592년 임진왜란이 일어나자 왕이 당시 그의 말을 좇지 않은 것을 크게 후회했다고 한다. 한편, 그는 일본에서 돌아올 때 대마도(對馬島)에서 조총(鳥銃) 두 자루를 얻어가지고 돌아와 바쳤지만, 조정에서 그것을 실용화할 계획을 하기도 전에 임진왜란이 일어났다.

■ 정사위(鄭士偉, 1536~1592)

　본관은 광주(光州), 자는 홍원(弘遠), 호는 병은(病隱). 아버지는 정질(鄭礩)이며, 어머니 남양홍씨(南陽洪氏)는 홍우필(洪佑弼)의 딸이다. 첫째 부인 평창이씨(平昌李氏)는 이희양(李希陽)의 딸이고, 둘째 부인 파평윤씨(坡平尹氏)는 윤안방(尹安邦)의 딸인데, 이씨와의 사이에 아들 정봉(鄭鋒)·정호(鄭護)·정황(鄭韹)과 류선견(柳先堅)에게 출가한 딸을 두었고, 윤씨와의 사이에 정영(鄭韺)·정흠(鄭歆) 두 아들을 두었다.

　1564년 사마시에 합격하고, 1566년 별시문과에 급제하였다. 예문관 검열이 되고 이어 형조좌랑으로 춘추관기사관을 겸하여《명종실록》의 편찬에 참여하였다. 1574년 헌납을 거쳐 1577년 부수찬으로 평안도경차관이 되어 전염병이 휩쓸고 있는 도내를 순방하며 구호하였다. 1581년에 홍문관수찬, 1583년 사간원사간이 되었다. 이때 이이(李珥)가 삼사(三司)의 탄핵을 받자 이를 힘써 변호하였다. 1587년 강원도관찰사로 재직 중 백성의 토지를 빼앗고 또 허락 없이 서울에 들어왔다는 죄로 한때 삭직되었다. 이듬해 도승지가 되고, 전주부윤을 거쳐 1591년 동지사(冬至使)로 명나라에 다녀왔으나 중국에서 준 책력(冊曆)을 하인들에게 나눠주었다하여 탄핵을 받았다.

1592년 임진왜란이 일어나자 병조참의로서 임금을 평양(平壤)에 호종하고, 다시 세자를 호종하여 강계(江界)로 가던 도중 맹산(孟山)에서 죽었다.

08. 참의 황경중의 부음을 듣다(聞黃參議景中訃)

동문으로 나이를 잊은 사귐 일찍이 맺었고
예문관 사간원에서 속마음을 함께하였어라.
백발이 난리 만났는데 멀리서 부음 받았으니
가을바람에 나그네가 그대 위해 눈물 흘리네.
同門早托忘年契, 翰苑[1]薇垣[2]共肺肝[3]。
白首亂離承遠訃, 秋風客淚爲君濟。

---

1   翰苑(한원): 한림원·예문관을 달리 이르는 말.
2   薇垣(미원): 사간원.
3   肺肝(폐간): 진심. 속마음.

▋황정식(黃廷式, 1529~1592)

본관은 장수(長水), 자는 경중(景中). 아버지는 오형장(五衡將) 황열(黃悅, 1501~1575)이며, 어머니 양천허씨(陽川許氏)는 부사직(副司直) 허용(許墉)의 딸이다. 장계부원군(長溪府院君) 황정욱(黃廷彧, 1532~1607)의 형이다. 부인 영천이씨(永川李氏)는 감찰 이귀정(李龜楨)의 딸이다.

1561년 식년문과에 급제하여 정언에 임명되었다. 병조정랑으로서 《명종실록》 편수에 참여하였다. 1569년 정언에 임명되어 용궁현감 이종(李悰)을 탄핵하였으나 풍문에 의거한 탄핵이라 하여 한때 체차되었다가 다시 정언에 올랐다. 1580년 삼척부사 및 파주목사를 거쳐 1587년 우부승지에 제수되었으며, 곧 승지에 올랐다.

1592년 임진왜란이 발발하자, 그해 5월 허성(許筬)·서성(徐渻)과 함께 강원도로 의병을 모집하기 위해 떠났지만, 별다른 성과를 거두지 못하였다. 다시 돌아와 선조(宣祖)를 호종하였는데, 평양전투(平壤戰鬪)에서 왜적과 싸우다가 전사하였다.

09. 참의 박경진(朴參議景進)

그의 동생 박잠(朴潛)과 함께 해를 입었다고 하니, 시를 지어
애도의 마음을 부친다.

與其弟潛[1]遇害, 歌以寓哀。

평소의 효성과 우애는 하늘에서 나온 것이고
충성과 신의는 모두가 현명하다 할 뿐이었네.
형제가 함께 적의 칼날에 걸려 화를 당하다니
옛 친구가 늙은이로 눈물 배나 줄줄 흘리노라.

平生孝友出于天, 忠信無他衆所賢。
兄弟同罹鋒刃禍, 故人衰淚倍潸然。

---

1 潛(잠): 朴潛(생몰년 미상). 본관은 高靈. 선조 때 사헌부감찰을 지냈다.
   부인은 전주이씨이다.

■ 박점(朴漸, 1522~1592)

본관은 고령(高靈), 자는 경진(景進)·자진(子進), 호는 복암(復庵). 아버지는 부장(部將) 박세정(朴世貞, 1492~1552)이며, 어머니 장수황씨(長水黃氏)는 강동현감 황순(黃純, 1471~1543)의 딸이다. 계모 안동권씨(安東權氏)는 대호군 권징(權澄)의 딸이다. 부인 전의이씨(全義李氏)는 1519년 생원시에 합격하고 1524년 별시문과에 급제한 승지 이임(李任, ?~1535)의 딸이다.

1564년 생원시에 합격하고 1569년 별시문과에 급제하여 이듬해 사간원정언에 제수되었다. 이어 홍문관부수찬·이조좌랑을 거쳐, 1573년 명천현감(明川縣監)이 되었다. 그 뒤로 1577년 홍문관직제학, 1578년 사간원사간, 1580년 좌부승지되었다가 참지 등을 거쳐 1584년 황해감사가 되었다. 1585년 좌승지 되었다가 곧이어 도승지(都承旨)가 되었다. 1589년 이조참의 등을 지내다가 임진왜란이 발발하기 전인 1591년에 당쟁에 휘말려 서인이 몰락할 때 관직을 삭탈당하여 벼슬길에 더 이상 나가지 않았다.

1592년 임진왜란이 일어났을 때, 적에게 굽히지 않다가 적의 칼날에 죽게 되자 강물에 뛰어들어 죽었다.

10. 창녕군수 이철용과 정랑 김온
(李昌寧哲容·金正郎韞)[1]

창녕군수 이철용은 병으로 세상을 떠났으며, 정랑 김온(金韞)은
난리로 인하여 굶주려 죽었다.

李昌寧哲容病逝, 金正郎韞[2]因亂餓死

이도가 이미 죽었다고 하더니만
또 군옥도 죽었다는 소식 들리네.
난리통에 친구들 다 죽어 떠나니
놀라 울부짖느라 애간장이 들끓네.

以道旣云逝, 又聞君玉亡。
亂離親舊盡, 驚叫熱中腸。

---

1 소제목이 없으나, 역주자가 편의적으로 붙임.
2 韞(온): 광산김씨 족보에는 韞으로 기록됨.

■ 이철용(李哲容, 1541~1592)

　본관은 용인(龍仁), 자는 이도(以道). 아버지는 정존재(靜存齋) 이담(李湛, 1510~1575)이며, 어머니 청주경씨(淸州慶氏)는 홍문관 저작 경세인(慶世仁, 1491~?)의 딸이다. 두 누이들은 지평(持平) 김온(金蘊, 1538~1592)과 현감 최담령(崔聃齡)에게 각각 출가하였다. 부인 서산정씨(瑞山鄭氏)는 사재감첨정(司宰監僉正) 정희익(鄭希益, 1503~1561)의 딸이다. 김온과는 처남매부 사이다.

　1567년 생원시에 합격하고, 도사(都事), 창녕현감을 지냈다.

　1592년 임진왜란이 일어났을 때, 흑전장정(黑田長政: 구로다 나가마사)의 일본군 3번대가 4월 19일 김해 남쪽 가락(駕洛)에 있는 죽도(竹島)로 상륙했는데, 그날로 김해성(金海城)을 에워싸서 하루만에 함락시키고 21일 창원으로 진격하며 영산, 창녕, 현풍 등 낙동강 서쪽을 휩쓸자, 합천군수 정현룡(鄭見龍), 삼가현감 장영(張翎), 의령현감 오응창(吳應昌), 창원군수 장의국(張義國), 현풍군수 류덕신(柳德新) 등과 창녕현감이었던 그도 미리 숨어버려 일본군은 아무 저항 없이 그 지역들을 노략질하며 진격할 수 있었다는 기록도 있다.

▌김온(金韞, 1538~1592)

　　본관은 광산(光山), 자는 군옥(君玉). 친할아버지는 자암(自庵) 김구(金絿, 1488~1534)이고 양조부는 김담(金紞, 생몰년 미상)이며, 아버지는 김균(金勻, 1515~1549)이다. 김균의 첫째 부인 진주강씨(晉州姜氏)는 후사가 없고, 둘째 부인 함양여씨(咸陽呂氏)는 경력공(經歷公) 여공정(呂公正)의 딸로 1남을 두었고, 셋째 부인 전주이씨(全州李氏)는 강양군(江陽君) 이숙(李潚)의 아들인 영평정(鈴平正) 이보(李輔, 1488~1539)의 딸로 임진왜란 때 시해되었지만 1남1녀를 두었다. 김온은 함양여씨의 소생이다. 김온의 첫째 부인 용인이씨(龍仁李氏, 1539~1592)는 이담(李湛)의 딸로 후사가 없고, 둘째 부인 임씨(任氏)는 1남1녀가 있고, 셋째 부인 정씨(鄭氏)는 1남을 두었다. 이철용(李哲容)과는 곧 처남매부 사이다.

　　1567년 사마생원 양시에 합격하고 1585년 별시문과에 급제하였다. 1586년 승정원주서를 시작으로 사간원헌납, 사헌부지평 겸 지제교 등을 지냈다.

　　1592년 임진왜란 때 목숨을 잃었다.

11. 막내조카 이려(季姪勵)[1]

나이가 26세로 의병장 조헌(趙憲, 협주: 자는 여식)을 따라 금산 전투에 참전했다가 전사하였으니, 싹을 틔우고도 이삭을 맺지 못한 격이라 나는 매우 애석하게 여겼다.

年廿六, 從義兵將趙汝式, 戰死于錦山, 苗而不秀, 余甚惜之.

약관을 겨우 넘어서 일찌감치 갈 방향 알았으니
책 보따리 메고 스승 따르려는 뜻 스스로 힘썼네.
국난에 몸 돌보지 않고 능히 의리를 택한다는 것
아침에 듣고 저녁에 죽는들 다시 무엇을 슬퍼하랴.
年踰弱冠早知方, 負笈[2]從師志自强.
臨難忘身能取舍[3], 朝聞夕死復何傷.

---

1 소제목이 없으나, 역주자가 편의적으로 붙임.
2 負笈(부급): 책 상자를 진다는 뜻으로, 타향으로 공부하러 감을 이르는 말.
3 取舍(취사): 목숨을 버리고 의를 택한다는 뜻. 《맹자》〈告子章句 上〉에서 맹자가 이르기를 "물고기는 내가 좋아하는 바이고, 웅장도 내가 좋아하는 바이나, 두 가지를 겸할 수 없을 경우에는 물고기를 버리고 웅장을 취하겠다. 사는 겟[生]은 내가 좋아하는 바이고, 의리[義]도 내가 좋아하는 바이나, 두 가지를 겸할 수 없을 경우에는 생명을 버리고 의리를 취하겠다."고 한 데서 온 말이다.

■ 이려(李勵, 1567~1592)

본관은 전의(全義), 자는 득지(得之). 할아버지는 영의정 이탁 (李鐸, 1509~1576)이며, 할머니 용인이씨(龍仁李氏)는 이종번(李宗蕃)의 딸이다. 이탁의 둘째 아들인 아버지는 충청수사(忠淸水使) 이회수(李淮壽, 1539~1630)이며, 어머니 경주김씨(慶州金氏)는 예 빈시별좌 김천주(金天宙)의 딸이다. 이 사이에서 셋째 아들로 태 어났다. 부인 의령남씨(宜寧南氏)는 아들 없이 딸 하나를 낳았으 니, 주부(主簿) 송시영(宋時榮)에게 시집갔다.

1589년 정여립(鄭汝立) 기축옥사(己丑獄事)에 연루되었다는 혐 의를 받고 투옥되었지만, 후일 혐의가 없음이 판명되어 풀려났다.

1592년 임진왜란 때 의병장 조헌(趙憲) 휘하에 들어가 청주전 투(淸州戰鬪)에서 적을 섬멸하고, 이어 금산전투(錦山戰鬪)에도 참전하였으나 중과부적으로 조헌과 함께 순국하였다.

12. 조카 이욱의 아내 김씨(猶子勖妻金氏)¹

조카 이욱(李勖)의 아내 김씨는 상국 김전(金詮: 金銓의 오기)의 증손녀인데 왜적을 마주쳐 바싹 다가오자 작은 칼로 목을 찔러 죽었으니, 절개를 온전히 지킨 것을 가상히 여겨 시를 짓는다.

猶子勖²妻金氏, 相國銓³之曾孫也, 遇賊將逼, 以小刀自刎而

---

1 소제목이 없으나, 역주자가 편의적으로 붙임.

2 勖(욱): 李勖(생몰년 미상), 본관은 全義, 자는 勉夫. 아버지는 忠淸水使 李淮壽이며, 어머니 慶州金氏는 별좌 金天宙의 딸이다. 장남이다. 호군을 지냈다. 첫째 부인은 延安金氏 金祖의 딸로 후사가 없다. 둘째 부인 豐壤 趙氏 趙光憲의 딸로 3남을 두었다.

3 銓(전): 金詮(1458~1523)의 오기. 본관은 延安, 자는 仲倫, 호는 懶軒. 할 아버지는 內資寺尹 金俊이고, 아버지는 지중추부사 金友臣이며, 어머니 仁川李氏는 知淸風郡事 李繼忠의 딸이다. 연산군때 戊午士禍에 휘말린 후 파직되어 남해로 유배당했으나 중종이 집권하자 다시 등용되어 여러 벼슬을 거쳐 의정부 우의정이 되었고 곧 영의정에까지 올랐다. 1513년 趙光祖 등 신진사림파가 정계에 진출한 이후 급진적인 개혁 정책을 펼치자 반대하였다. 《성종실록》과 《속동문선》의 공저자의 한 사람으로 청렴하여 집 한채 없었고, 전답하나 없이 오직 거문고와 술로서 스스로를 즐길 정도로 청렴결백하였고 문장도 잘했으나, 기묘사화를 일으킨 배후 인물의 한 사람으로 지목, 남곤과 함께 사림파로부터 배신자로 낙인찍혀 많은 비판을 받았다. 金安老의 삼촌이자 영돈녕부사 연흥부원군 金悌男의 증조부이고, 선조의 계비 인목대비의 고조부가 된다. 또한 문정왕후의 남동생인 小尹의 윤원형이 그의 손녀사위였다. 조카인 김안로와 손녀 사위 윤원형은 왕실의 인척인 훈구파였지만, 그는 김종직의 문하생인 사림파였다.

死, 嘉其全節[4]賦之。

이욱의 아내 김씨는 올곧고 순수한 마음을 타고나
왜적 만나도 되레 처신을 잘못하지 않았을 터이다.
목숨 기러기 털처럼 가벼우니 어찌 아꼈을 것이랴
거센 물결에 무너지지 않는 지주처럼 인륜을 세웠네.
李妻金氏稟貞純, 遇賊還能不失身。
性命鴻毛[5]何足惜, 頹波砥柱[6]立彝倫[7]。

---

4 全節(전절): 절개를 지킴.
5 鴻毛(홍모): 기러기의 털이라는 뜻으로, 매우 가벼운 사물을 이르는 말.
6 頹波砥柱(퇴파지주): 난세에 지조를 지키는 것을 이르는 말. 頹波는 거세게
  아래로 흘러내려 가는 물살을 말하는데, 무너져 가는 세상의 풍속을 비유하
  는 말로 쓰인다. 砥柱山은 황하의 중류에 있는 바위산으로, 황하의 물결이
  아무리 거세게 흘러도 이 산을 무너뜨리지 못하고 이 지점에 와서 갈라져
  산을 감싸고 흐른다.
7 彝倫(이륜): 인간으로서 지켜야 할 떳떳한 도리.

■ 이욱의 아내 김씨(李勖妻金氏, ?~1592)

　전의이씨(全義李氏) 이욱(李勖)의 아내는 연안김씨(延安金氏)이
다. 연안김씨의 증조부는 김전(金詮, 1458~1523)이다. 증조부의
첫째 부인 풍천노씨(豊川盧氏)는 판관 노후(盧昫)의 딸이며, 둘째
부인 진천송씨(鎭川宋氏)는 선공감감역(繕工監監役) 송환주(宋環
周)의 딸이다. 두 부인과의 사이에서 4남1녀를 두었다. 첫째 증조
모는 3남1녀를 두었으니 1513년 생원시에 합격한 장남 김안도(金
安道), 차남 김안우(金安遇), 삼남 김안수(金安邃)와 1513년 사마
생원 양시에 합격한 동래정씨(東萊鄭氏) 정충려(鄭忠礪)에게 시집
간 딸이다. 둘째 증조모는 아들 하나를 두었으니 김안달(金安達)
이다. 이 가운데 연안김씨의 조부는 김안도이다. 김안도의 첫째
부인은 창녕성씨(昌寧成氏)이며, 둘째 부인은 경주이씨(慶州李氏)
이다. 김안도는 두 부인과의 사이에서 3남 1녀를 두었으니, 장남
김진(金禛), 차남 김인(金䄅), 삼남 김오(金禖)와 한숭건(韓崇健)에
게 시집간 딸이 있다. 이 가운데 연안김씨의 아버지는 김인이다.
언니는 평시령(平市令) 장형(張逈)에게 시집갔다.
　1592년 임진왜란 때 자결하였는데, 후사가 없다.

13. 판서 박상초와 상주목사 김사회를 애도하다
(悼朴判書尙初 · 金尙州士晦)

상초와 사회는 서로 알고 지낸 지 오래인데
시가가 항상 천성이 선량하다면서 칭송했네.
왕실에 노고 다 바치고 모두 죽고 말았으니
외로운 넋 남과 북에서 귀향하려 배회하리라.
尙初士晦相知久, 時可¹常稱性善良。
盡瘁王家俱得死, 孤魂南北倘還鄕。

---

1 時可(시가): 洪聖民(1536~1594)의 자. 본관은 南陽, 호는 拙翁. 1564년
   식년문과에 급제하여 정자·교리 등을 지냈으며, 대사간을 거쳐 1575년 호조
   참판에 이르러 사은사로 명나라에 건너가 宗系辨誣에 대하여 힘써, 명나라
   황제의 허락을 받아 가지고 돌아왔다. 그 뒤 부제학·예조판서·대사헌·경상
   감사 등을 역임하였다. 1590년 익성군에 봉하여졌다. 1591년 판중추부사가
   되었다가 建儲問題로 鄭澈이 실각하자, 그 일당으로 몰려 북변인 부령으로
   유배되었다가 1592년 임진왜란이 일어나자 특사로 풀려나 복관되어 대제학
   을 거쳐, 호조판서에 이르렀다. 같은 해에 모친상을 당하여 삼년상을 마치기
   전에 죽고 말았다.

▋박숭원(朴崇元, 1532~1592)

본관은 밀양(密陽), 자는 상초(尙初). 아버지는 고원군수(高原郡守) 박난(朴蘭, 1495~?)이며, 어머니 전주이씨(全州李氏)는 나성령(羅城令) 이지(李潰)의 딸이다. 첫째 부인 전의이씨(全義李氏)는 이홍신(李弘神)의 딸이고, 둘째 부인 풍양조씨(豊壤趙氏)는 조언국(趙彦國)의 딸이다. 박인원(朴仁元, 1514~1577)의 동생이다. 사위는 장운익(張雲翼, 1561~1599)이며, 외손자는 장유(張維, 1587~1638)이다.

1564년 진사시에 합격하고, 그해 별시문과에 급제하였다. 승문원권지정자(承文院權知正字)에 등용되고, 얼마 뒤 병조좌랑을 거쳐 수찬·교리·동부승지 등을 역임하였다. 그 뒤 외직으로 나가 강원도관찰사를 지내고, 다시 내직으로 돌아와 우부승지와 판결사를 지냈다. 다시 외직에 나가 평안도관찰사, 충청도관찰사를 역임하였다.

1592년 임진왜란 때에 선조(宣祖)를 호종하였으며, 한성부판윤이 되어 병사하였다.

■ 김해(金澥, 1534~1593)

본관은 예안(禮安), 자는 사회(士晦), 호는 설송(雪松). 공주 출신. 할아버지는 김사창(金泗昌)이다. 아버지는 1516년 진사시에 합격하고 1537년 별시 문과에 급제한 이조좌랑(吏曹佐郎) 김반천(金半千)이다. 김반천의 첫째 부인은 1513년 사마시에 합격한 창녕조씨(昌寧曺氏) 성주목사 조세우(曺世虞, 1483~?)의 딸이며, 둘째 부인은 정종(定宗)의 증손인 안현군(安賢君) 이성동(李盛同, 1471~?)의 딸이다. 이 가운데 김해의 어머니는 창녕조씨이다. 부인 밀양박씨는 박인원(朴仁元, 1514~1577)의 딸이다. 박승원과는 처삼촌과 조카사위 사이다.

1558년 진사가 되고, 1564년 식년문과에 급제하였다. 1571년 형조좌랑, 1573년 사헌부지평을 거쳐 이듬해 사헌부장령이 되었으며, 1576년 사간원사간으로 승진하였다. 1582년 비위 사실이 발견되어 추고당하기도 했다.

1592년 상주목사(尙州牧使)로 재임 중 임진왜란을 당하여 당황한 나머지 순변사 이일(李鎰)을 맞이한다는 핑계로 성을 떠나 피신하였다. 피신해 있는 동안 상주판관 권길(權吉)이 전사하자, 11월에 상주 임시판관 정기룡(鄭起龍)과 함께 향병(鄕兵)을 규합하여 개령(開寧)에서 왜군을 격파하고 상주성을 일시 탈환하기도 하였다. 이듬해 3월 왜적에게 포위되어 항전하다가 둘째 아들 김경원(金慶遠, 1561~1593)과 함께 전사하였다.

14. 방어사 원호(元防禦豪)

임진왜란 초에 여강에서 두 번이나 승리를 거두어 왜적이 감히 가까이 하지 못했다. 그 뒤로 사람들에게 견제를 받아 김화 진영에 들어갔다가 적군에게 해를 입었으니, 사람들이 모두 애석하게 여겼다.

亂初, 再捷驪江¹, 賊不敢近。其後, 爲人所制, 入金化²鎭, 爲賊所害, 人皆惜之。

여강에서 두 번이나 승리해 적의 예봉을 꺾으니
싸움에 임하여서 담력이 뛰어남을 사람들 알았네.
몸 돌보지 않고 맨손으로 범 잡고도 끝내 견제받아
가련하게도 인각에서 원호의 공을 그르치고 말았네.
驪江再捷摧鋒銳, 臨敵人知膽力雄。
暴虎亡身終掣肘³, 可憐麟閣⁴失元功。

---

1   驪江(여강): 남한강이 강원도 원주에서 흘러나오는 蟾江, 용인에서 발원한 清渼川과 만나는 지역이 바로 여주의 덤동면 三合里이기 때문에 여주를 지나는 남한강을 여강이라 일컬음.
2   金化(김화): 강원도 철원군 중앙부에 있는 고을.
3   掣肘(철주): 공연히 다른 사람의 일에 간섭하여 뜻한 바를 이룰 수 없게

■ 원호(元豪, 1533~1592)

　본관은 원주(原州), 자는 중영(仲英). 아버지는 첨지중추부사 원송수(元松壽)이며, 어머니는 1525년 생원시에 합격한 순흥안씨(順興安氏) 안순(安珣, ?~1561)의 딸이다. 이 사이에서 둘째 아들로 태어났다. 윤두수·이해수와 친하게 지냈다.

　1567년 무과에 급제하였다. 선전관에 이어 내외직을 두루 거치고 경원부사(慶源府使)로 있을 때에는 이탕개(尼蕩介)의 침입을 격퇴하였다. 1587년 전라우도수군절도사로 재직중, 전라좌도에 침입한 왜구를 막지 못하여 파직되고 유배되었지만 곧 풀려났다.

　1592년 임진왜란이 일어나자, 강원도조방장(江原道助防將)으로서 패잔병과 의병을 규합하여 여주(驪州)의 신륵사(神勒寺)에서 남한강(南漢江)을 건너 북상하려는 적병을 크게 무찔렀으며, 패주하는 적병을 구미포(龜尾浦)에서 섬멸하였다. 그 공으로 경기·강원 방어사 겸 여주목사로 임명되었다. 얼마 뒤에 제4진으로 상륙한 모리길성(毛利吉成: 모리 요시나리) 휘하의 왜군 1만 4000여 명이 한양·동두천·철원·김화·평강·회양을 점령하고 함경도 안변으

　만드는 것을 뜻하는 말.

4　麟閣(인각): 功臣의 훈공을 기록하는 일을 맡아 하던 관아.

로 향하자 강원도관찰사 류영길(柳永吉)이 격문을 띄웠는데, 원호
도 이에 호응하여 군사를 이끌고 김화(金化)에 이르러 적의 복병을
맞아 분전하다가 전사하였다.

15. 대사성 우경선의 만시(挽禹大成景善)

평생 일찍이 임금과 어버이를 저버린 적이 없고
나라를 자기 집처럼 우려했으니 옛사람의 뜻일세.
조당에서는 바른말 하여 선비의 기풍 보전하더니
당당한 추의군 명성은 임금의 신하들 격동하였네.
平生曾不負君親, 憂國如家卽古人。
謇謇[1]朝端[2]持士氣, 堂堂秋義激王臣。

호남 호서의 군사들 끌어들여 외로운 섬 보전하고
천 리 길 병든 자기 한 몸을 끝내 죽게 하였구나.
백발 노인은 임금 생각하며 응당 눈 감지 못했으리니
그대 위해 흘리는 늙은이 눈물이 배나 수건 적시누나.
兩湖控引全孤島, 千里扶舁殞一身。
鶴髮[3]鸞輿[4]應未瞑, 爲君衰淚倍沾巾。

---

1 謇謇(건건): 어렵게 忠諫하는 모양.
2 朝端(조단): 朝堂. 임금이 나라의 정치를 신하들과 의논하거나 집행하는 곳.
3 鶴髮(학발): 학의 깃털. 노인의 백발을 가리킨다.
4 鸞輿(난여): 임금이 거둥할 때 타고 다니던 가마.

▍우성전(禹性傳, 1542~1593)

본관은 단양(丹陽), 자는 경선(景善), 호는 추연(秋淵)·연암(淵庵). 할아버지는 승사랑(承仕郎) 우성윤(禹成允, 1473~1535)이다. 생부는 현령 우언겸(禹彦謙, 1509~1573)이며, 생모 연안김씨(延安金氏)는 사포(司圃) 김석린(金石磷)의 딸이다. 양부는 우준겸(禹俊謙, 1524~?)이며, 양모 죽산박씨(竹山朴氏)는 박여림(朴汝霖)의 딸이다. 대사헌 초당 허엽(許曄, 1517~1580)의 사위이다.

1561년 진사가 되고, 1564년 성균관 유생들을 이끌고 요승 보우(普雨)의 주살을 청원하였다. 1568년 증광문과에 급제하고, 예문관검열·봉교, 수찬 등을 거쳐 1576년 수원현감이 되었다. 한때 파직되었다가 여러 관직을 거쳐 1583년 응교가 되었다. 동서분당 때 동인을 대표했고, 동인이 강경파인 북인과 온건파인 남인으로 갈리게 되자 남인에 속했다.

1592년 임진왜란이 일어나자 풀려나와 경기도에서 의병을 모집해 추의군(秋義軍)이라 하고 소금과 식량을 조달해 난민을 구제하였다. 또한 강화도에 들어가서 김천일(金千鎰)과 합세해 전공을 세우고, 병선(兵船)을 이끌어 적의 진격로를 차단했으며, 권율(權慄)이 수원의 독산산성(禿山山城)에서 행주에 이르자 의병을 이끌고 지원하였다. 그 공으로 대사성으로 서용되었다. 그 뒤 퇴각하는 왜군을 경상우도 의령(宜寧)까지 쫓아갔으나, 과로로 병을 얻어 경기도 부평(富平)에서 사망하였다.

16. 보덕 정직재의 만시(挽鄭輔德直哉)

그릇됨은 존경할 만한 인물임을 알겠고
재주 살피자면 나라의 동량이 될 만하네.
이 사람을 다시는 볼 수 없게 되었지만
살아있는 사람이 어떻게 잊을 수 있으랴.
爲器知瑚璉¹, 論材作棟樑。
斯人不重見², 後死³詎能忘。

타향에서의 영구가 바다 구름처럼 떠돌다
외로운 유골이 자신의 고향으로 돌아왔네.
남쪽 오랑캐 섬멸 소식 들을 것만 같으니
두 눈이나마 지하에서 감을 수 있으리라.

---

1 瑚璉(호련): 기장(黍)과 피(稷)를 담아 宗廟에 바치는 禮器. 즉 제물을 담는
   그릇을 말한다. 존경할 만한 사람을 일컫기도 한다. 孔子가 子貢의 인물됨을
   '호련'이라고 평가한 데에서 유래한다.
2 斯人不重見(사인불중견): 杜甫의 시 〈哭李常侍嶧〉의 "일대의 풍류가 다하
   였으니, 깊은 지하에서 수문랑이 되었으리. 이 사람을 다시 볼 수 없으니,
   늙어 가는 때에 지음의 벗을 잃었도다.(一代風流盡, 修文地下深. 斯人不重
   見, 將老失知音.)"에서 나오는 말.
3 後死(후사): 일반적으로 살아있는 사람이 스스로 겸양하는 말.

旅櫬[4]浮雲海, 孤骸返梓鄉[5]。

如聞南寇滅, 兩目暝泉黃[6]。

---

4 旅櫬(여츤): 객지에서 죽은 자의 靈柩.

5 梓鄉(재향): 자신이 태어난 고향.

6 泉黃(천황): 黃泉. 사람이 죽은 다음 그 혼이 가서 산다는 세상.

■ 정유청(鄭惟淸, 1534~1598)

  본관은 동래(東萊), 자는 직재(直哉). 호조판서를 역임한 서예가 정난종(鄭蘭宗, 1433~1489)의 증손자이며, 정광필(鄭光弼, 1462~1538)의 손자이다. 아버지는 정광필의 셋째 아들인 정익겸(鄭益謙, 1534~1598)이다. 정익겸의 첫째 부인 경주최씨(慶州崔氏)는 별좌(別坐) 최자식(崔自湜)의 딸이며, 둘째 부인 전주이씨(全州李氏)는 해양정(海陽正) 이우(李優)의 딸이다. 정유청은 전주이씨의 소생으로 정익겸의 넷째 아들이다. 부인 전주이씨(全州李氏)는 덕성정(德城正) 이귀인(李貴仁)의 딸이다.

  1568년 증광시에 급제하여 생원이 되었고, 1572년 별시 문과에 급제하였다. 1578년 이해수(李海壽)가 사간원의 대사간이었을 때에 정유청은 헌납이었다. 1583년 사헌부장령을 거쳐 세자시강원(世子侍講院) 보덕(輔德)이 되었다. 1591년 삼척부사로 있으면서 죽서루(竹西樓)를 중수하였다.

  족보상에 몰년이 1598년으로 되어 있는데, 1592년부터 1598년까지 정유청의 행적을 찾았지만 찾지 못하였다.

17. 판서 이공저(李判書公著)

그의 아들 이유징과 난리 초기부터 대가를 호종하였으나, 도성이 회복되기도 전에 아침이슬 마르듯 먼저 세상을 떠났으니 애석하게 여겨 시를 짓는다.

與其子幼澄[1], 自初扈駕, 恢復未半, 而溘先朝露[2], 悼惜而賦之。

한마음으로 나라를 근심한 줄 모두가 알지만
천 리 길 군량 공급하느라 힘이 이미 지쳤네.
부자가 멀리 떨어져서 서로 잇달아 세상을 떠나니
아침이슬 같은 덧없는 인생 다시 더욱 슬퍼지누나.

一心憂國衆皆知, 千里供軍力已疲。

父子遠離相繼逝, 浮生朝露更堪悲。

---

1   幼澄(유징): 李幼澄(1562~1593). 본관은 全州, 자는 澄源. 1583년 알성문과에 급제, 승문원을 거쳐 예문관검열에 서임되었다. 1588년 사신을 수행해 質正官으로 명나라에 다녀왔다. 1592년 임진왜란이 일어나자 체찰사 崔興源의 종사관으로 황해도 지방에 파견되었다. 서울이 위태롭다는 급보를 듣고 달려와 선조를 서울 근교 沙峴에서 만나, 그 뒤 의주까지 호종해 공신으로 책록되었다. 선조가 의주에 머물러 명나라에 원병을 청할 때 李恒福 막하에서 계책을 세워 평양 탈환에 큰 공을 세웠다. 1593년 의주목사 겸 병마절제

■ 이성중(李誠中, 1539~1593)

  본관은 전주(全州), 자는 공저(公著), 호는 파곡(坡谷). 세종의 아들 계양군(桂陽君) 이증(李璔)의 현손이며, 강양군(江陽君) 이숙(李潚)의 증손이다. 할아버지는 이집(李輯)이고, 아버지는 금천부수(錦川副守) 이감(李城, 1515~1559)이며, 어머니 서흥김씨(瑞興金氏)는 감찰(監察) 김윤장(金允章)의 딸이다. 사헌부 집의(執義) 이경중(李敬中)과 좌부승지(左副承旨) 이양중(李養中)의 형이다. 남치근(南致勤, 1497~1570)은 이성중의 첫째 부인이 김윤장의 딸이기에 이성중의 이모부가 된다.

  1558년 진사시에 합격하고, 1570년 승사랑(承仕郎)으로서 식년 문과에 급제하였다. 1571년 검열·주서를 거쳐 1573년 사복시주부·정언, 호조·예조·병조의 좌랑, 홍문관수찬, 이조좌랑에 지제교를 겸임하였다. 1575년 동서분당이 되자, 동인으로 지목되어 한산군수로 좌천되었다. 그 뒤로 직제학·동부승지·우승지·좌승지, 1586년 대사간, 1587년 홍문관부제학을 지냈다. 1590년 대사

사가 되어 장졸을 통어하다가 과로로 죽었다.

2 溘先朝露(합선조로): 아침 이슬보다 빠르게 사라진다는 뜻으로 일찍 죽는 것을 말함.

헌이 되었으나 1591년 8월 당쟁의 소용돌이 속에 파직되었다.

1592년 임진왜란이 일어나자 수어사(守禦使)가 되어 임금을 호종해 평양에 이르러 호조판서가 되고, 선조의 요동(遼東) 피난을 반대했다. 7월에는 중국 구련성(九連城)에 파견되어 명군의 원병을 청했고, 원병이 오자 이여송(李如松) 군대의 식량 조달을 위해 진력하다가 1593년 7월 함창(咸昌)에서 병사하였다.

18. 송강의 만시(挽松江)

빙옥 같은 고결한 정신에 철석 같은 심장이니
태평시절에 훌륭한 명망이 규장처럼 출중했네.
청렴과 충성, 지조와 절개 끝내 변치 않았으니
시주를 즐기는 회포 중에도 달라지지 않았어라.
氷玉精神鐵石腸, 明時令望重珪璋[1]。
淸忠志節終難變, 詩酒襟期[2]不是狂。

영광과 오욕 다 겪은 나머지 머리털이 세었어도
안위가 걸린 이 시기에 죽고 말았으니 애통하네.
공의 열렬한 절개를 아나니 어느 곳에 묻을 건가
때마침 산하가 되리니 우리 강토가 장대하리로다.
寵辱餘生看鬢換, 安危此日痛人亡。
知公烈烈埋何處, 會作山河壯我疆[3]。

---

1 珪璋(규장): 장식으로 쓰는 귀한 옥. 훌륭한 인품을 비유적으로 이르는 말로 쓰인다.
2 襟期(금기): 가슴에 깊이 품은 회포.
3 會作山河壯我疆(회작산하장아강): 南宋의 재상 趙鼎이 금나라와 화친하려는 秦檜의 일당에게 맞서 나라의 근본을 튼튼히 한 다음 전쟁을 통해 失地를 회복하도록 해야 한다고 주장하다가 좌천되어 유배를 당했는데, 죽기에 앞

■ 정철(鄭澈, 1536~1593)

  본관은 연일(延日), 자는 계함(季涵), 호는 송강(松江). 할아버지
는 정규(鄭潙, 1466~1504)이며, 할머니는 광산김씨(光山金氏)이다.
정규의 둘째 아들인 아버지는 군자감 판관(軍資監判官)·동녕부 판
관(敦寧府判官)을 지낸 정유침(鄭惟沈, 1493~1570)이며, 어머니 죽
산안씨(竹山安氏, 1495~1573)는 대사간(大司諫) 안팽수(安彭壽)의
딸이다. 형으로는 정자(鄭滋, 1516~1547), 정소(鄭沼, 1518~1572),
정황(鄭滉, 1528~?)이 있고, 세 명의 누이가 있다. 부인 문화유씨
(文化柳氏)는 중종(中宗) 신비(愼妃) 복위 상소를 올렸던 류옥(柳沃)
의 아들인 류강항(柳强項)의 딸이며, 측실은 강아(江娥)이다. 정철
은 측실 강아와의 사이에서 정기명(鄭起溟, 1558~1589), 정종명(鄭
宗溟, 1565~1626), 정진명(鄭振溟, 1567~1614), 정홍명(鄭弘溟, 1582~
1650) 등 네 아들과 세 딸을 두었다.
  어려서 인종(仁宗)의 숙의(淑儀)인 맏누이와 계림군(桂林君) 이
류(李瑠)의 부인이 된 둘째누이로 인하여 궁중에 출입하였는데,

  서 스스로 銘旌을 쓰기를, "몸은 箕尾星을 타고 하늘 위로 올라가지만, 기상
은 산하가 되어 이 나라를 장대하게 하리라.(身騎箕尾歸天上, 氣作山河壯
本朝.)" 하고는 밥을 먹지 않고 죽었다는 고사를 염두에 둔 표현.

이때 어린 경원대군(慶原大君: 明宗)과 친숙해졌다. 1545년 을사사화(乙巳士禍)에 계림군이 관련되자, 부친이 유배당하여 함경도 정평, 경상도 영일 등지에서 유배 생활을 하였다. 정철은 아버지를 따라 배소(配所)에서 어린 시절을 보냈다. 1551년 특별사면되어 온 가족이 고향인 전라도 담양 창평(昌平)으로 이주하였고, 그곳에서 김윤제(金允悌)의 문하가 되어 성산(星山) 기슭의 송강(松江) 가에서 10년 동안 수학하였다.

1561년 진사시에 합격하고, 이듬해 별시문과에 장원급제하였다. 여러 관직과 삼사의 언관을 넘나들며 활발한 활동을 이어갔다. 1566년 형조정랑에 임명된 뒤에는 을사사화에서 억울하게 화를 입은 인사들의 신원(伸冤)에 앞장섰고 사림들 사이에서 신진관료로 주목받았다. 1566년 함경도 암행어사를 지낸 뒤 이이(李珥)와 함께 사가독서(賜暇讀書)하였다.

1575년 사림이 명종의 비인 인순왕후(仁順王后)의 복제 논쟁을 계기로 동인과 서인으로 갈라지게 되자, 정철은 서인의 입장에 서게 되었다. 1578년 장악원정(掌樂院正)에 기용되고, 곧이어 승지에 올랐으나 진도군수(珍島郡守) 이수(李銖)의 뇌물 사건으로 동인의 공격을 받아 사직하고 고향으로 돌아왔다. 1580년 강원도 관찰사로 등용되었고, 3년 동안 강원·전라·함경도 관찰사를 지냈다.

1589년 우의정에 발탁되어 정여립(鄭汝立)의 모반사건을 다스리게 되자, 정철은 서인의 영수로서 이때 호남의 여러 유생을 교사(敎唆)하여 평소에 그와 대척점에 있던 자들을 정여립의 당여(黨與)로 지목해 철저하게 추방했고, 이듬해 정여립 모반 사건이 일단락되어 좌의정에 올랐고 인성부원군(寅城府院君)에 봉해졌다. 그러나 1591년 왕세자 책봉과 관련된 건저(建儲)문제를 제기하여 동인인 영의정 이산해(李山海)와 함께 광해군(光海君)의 책봉을 건의하기로 했다가 이산해의 계략에 빠져 혼자 광해군의 책봉을 건의했다. 이때 신성군(信城君)을 책봉하려던 왕의 노여움을 사 파직되었고, 진주(晉州)로 유배되었다가 이어 강계(江界)로 이배(移配)되었다.

1592년 임진왜란의 발발로 인하여 역설적으로 정철의 조정 복귀를 가능하게 하였으니, 왕의 부름을 받아 선조(宣祖)를 의주(義州)까지 호종하였고, 전라도와 충청도 일대의 방략을 세웠다. 이듬해 사은사(謝恩使)로 명나라에 다녀왔다. 얼마 후 '왜군 철수'라는 유언비어를 유포하였다는 동인들의 모함으로 사직하고 강화도(江華島)의 송정촌(松亭村)에 우거(寓居)하다가 그해 12월에 사망하였다.

19. 병사 김면(金兵使沔)[1]

병사 김면이 병으로 세상을 떠났다는 소식을 들었다.
聞金兵使沔病逝。

같은 시대 살며 면목을 서로 알지 못했지만
난리가 난 뒤에 의병 일으켰단 소식 들었네.
왜적 다 섬멸하기도 전 중도에 세상을 떠나서
저승에서도 뜻을 품으니 사람들 슬프게 하네.
同時面目不相知, 亂後遙聞倡義師。
讐賊未殲中道殂, 九京[2]齎志使人悲。

---

1 소제목이 없으나, 역주자가 편의적으로 붙임.
2 九京(구경): 사람이 죽은 뒤에 그 혼이 가서 산다고 하는 세상.

■ 김면(金沔, 1541~1593)

　　본관은 고령(高靈), 자는 지해(志海), 호는 송암(松菴). 아버지
는 경원부사 김세문(金世文, 1520~1569)이며, 어머니 김해김씨(金
海金氏)는 예빈시 판관(禮賓寺判官) 김중손(金仲孫)의 딸이다. 김
면은 김세문의 맏아들이다. 김면의 첫째 부인 전주이씨(全州李氏)
는 부호군 이황(李煌)의 딸이며, 둘째 부인 또한 전주이씨 부림부
수(缶林副守) 이건(李建)의 딸인데, 두 부인과의 사이에서 후사가
없었다.

　　김세문의 사촌동생 김수문(金秀文, ?~1568)의 장남인 김자(金
滋, 1546~?)의 첫째 아들 김의립(金毅立, 1571~?)을 양자로 들였
다. 그런데 김의립이 김자에게 적출독자(嫡出獨子)인 까닭에 김
면의 둘째 부인 전주이씨가 상소를 올려 생가와 양가의 3대 봉사
를 할 수 있도록 특별히 전교를 받기도 하였다.

　　김면의 행적은 알려지지 않았으니, 윤선거(尹宣擧)의《노서유
고(魯西遺稿)》권20에 수록된 〈절충장군 수경상우도병마절도사
증정헌대부 이조판서 김공 행장(折衝將軍守慶尙右道兵馬節度使贈
正憲大夫吏曹判書金公行狀)〉에서도 임진왜란 전의 행적은 명종
때 효도와 청렴으로 천거되어 참봉에 임명되었으나 사퇴하였고,

선조 즉위 초에 유일(遺逸)로 천거되어 공조좌랑에 임명되었으나 사퇴하였다고 되었을 뿐이다. 다만 임진왜란 때 의병장으로서 활동은 비교적 구체적으로 기록되어 있다.

1592년 임진왜란이 일어나자 분연히 궐기하여 5월 조종도(趙宗道)·곽준(郭越)·문위(文緯) 등과 함께 거창과 고령에서 의병을 일으켰다. 김산(金山)과 개령(開寧) 사이에 주둔한 적병 10만과 우지(牛旨)에서 대치하다가 진주목사 김시민(金時敏)과 함께 지례(知禮)에서 적의 선봉을 역습하여 크게 승리를 거두었으며, 이 공으로 합천군수(陜川郡守)에 제수되었다. 그 뒤 무계(茂溪)에서도 승리를 거두어 9월에는 첨지사(僉知事)에 임명되고, 11월에는 의병대장의 교서를 받았다.

1593년 경상우도병마절도사가 되어 충청도·전라도 의병과 함께 김산에 주둔하며 선산(善山)의 적을 격퇴시킬 준비를 갖추던 도중, 갑자기 병에 걸리자 자신의 죽음을 알리지 말라는 유언을 남기고 죽었다.

20. 방어사 신각과 남병사 이영
(防禦使申恪 · 南兵使李瑛)[1]

방어사 신각과 남병사 이영이 형벌을 받고 말았으니, 사람들이
모두 원통하게 여겼다.

防禦使申恪 · 南兵使李瑛見刑, 人皆冤之。

신각의 성심에서 공과 죄가 무엇이며
이영의 충의는 귀신이 환히 알리로다.
군율로 잘못 처벌하여 목을 베고야 마니
저승에서 원한 품고 온 세상도 슬퍼하네.

申恪誠心功過誰, 李瑛忠義鬼神知。
誤當軍律分身首[2], 泉壤[3]銜冤擧世悲。

---

1 소제목이 없으나, 역주자가 편의적으로 붙임.
2 分身首(분신수): 몸과 머리를 서로 떼어 냄.
3 泉壤(천양): 땅 밑을 지칭하는 말로, 죽은 뒤에 넋이 돌아간다는 곳.

■ 신각(申恪, ?~1592)

본관은 평산(平山). 아버지는 신의충(申義忠)이며, 어머니 진주 하씨(晉州河氏)는 하원로(河元老)의 딸이다. 부인 전주이씨(全州李氏)는 풍덕군수 이광윤(李光胤)의 딸이다.

무과에 급제하고 선조(宣祖) 재위 초에 연안부사와 영흥부사를 거쳐, 1574년 경상좌수사, 1576년에 경상우병사를 역임하였다. 1586년 강화부사를 거쳐 이듬해 경상도방어사가 되었으나, 영흥부사 재직 시에 신창현감(新昌縣監) 조희맹(趙希孟)이 그의 첩에서 난 아들을 납속(納粟)시켜서라도 벼슬길에 나갈 수 있게 해달라는 요청을 받고 관의 곡식을 꺼내 그 납속을 충당해주었다가 파직되었다.

1592년 임진왜란이 일어나자 다시 기용되었으며 서울 수비를 위하여 수성대장(守城大將) 이양원(李陽元) 휘하의 중위대장(中衛大將)에 임명되었고, 다시 도원수 김명원(金命元) 휘하의 부원수(副元帥)로서 한강을 지켰다. 이때 김명원은 임진에 가 있었으므로 유도대장(留都大將) 이양원을 따라 양주(楊州)에 가서 흩어진 군졸들을 수습하고 함경도병마사 이혼(李渾)의 구원군과 합세하여, 양주 해유령(蟹踰嶺)에서 가등청정(加藤淸正)의 일본군을 크

게 무찔렀다. 그 결과 적의 머리 70급(級)을 베었는데 이것은 왜
란 초기 처음 있는 승첩이었다.

그런데 이 무렵 이양원이 산골에 숨어 있어 소식이 끊겼는데,
신각이 명령을 따르지 않아 김명원에게 합류하지 않고서 이양원
을 따라 도망쳤다는 내용의 장계(狀啓)가 올라가 당시 우의정 유
홍(兪泓)에 의해 참형을 당하였다. 이날 오후 양주에서 다시 첩보
가 도착하여 왕이 신각을 죽이지 말라고 선전관(宣傳官)을 뒤따라
보냈으나, 이미 처형된 뒤였다.

■ 이영(李瑛, ?~1593)

개인의 신원에 관련된 자료는 찾을 수가 없었다.

1584년 온성부사를 거쳐 회령부사를 역임하고, 1591년에는 비변사의 천거를 받아 남병사(南兵使: 함경남도 병마절도사)에 발탁되었다.

1592년 임진왜란이 발발하여 마천령(摩天嶺)의 해정창(海汀倉)에서 근왕병을 모집하기 위하여 함경도에 체류하고 있던 임해군(臨海君)과 순화군(順和君)을 사로잡기 위하여 북상하는 가등청정(加藤淸正)의 왜군을 함경북도병마절도사 한극함(韓克諴)과 함께 그는 공격하였으나 오히려 참패를 당하였다.

그는 회령(會寧)으로 퇴각하여 있던 중 왜군과 내통한 회령부 아전 국경인(鞠景仁)의 음모로 임해군 등과 함께 왜군의 포로가 되었다. 그 뒤 안변(安邊)에 수금되었다가 1593년부터 철수하는 왜군을 따라 남으로 이동하던 중 부산에서 석방되었는데, 패전과 적에게 빌붙었다는 죄명으로 복주(伏誅)되었다.

구사맹의 〈난후조망록(亂後吊亡錄)〉에서는 이영을 채택하지 않았다.

21. 판서 이중거(李判書仲擧)[1]

5월에 판서 이중거는 호서에 있다가 병으로 세상을 떠나서 만사(挽詞)를 부친다.

五月, 李判書仲擧, 在湖西, 病逝寄挽。

평소 충직하고 인정이 두터워 헐뜯는 이 없고
덕이 있고 인망 있어 곧 크게 되리라 기대했네.
나라에 어려운 일 많을 때 남겨두지 않았으니
성스런 임금이 놀라 탄식하고 사림이 슬퍼하네.

平生忠厚人無間, 德望方將遠大期。

當國多艱天不愁[2], 聖君驚歎士林悲。

1　소제목이 없으나, 역주자가 편의적으로 붙임.

2　天不愁(천불은): 天不愁遺. 하늘이 국가를 위해서 원로를 이 세상에 남겨
　두려 하지 않는다고 한탄하는 말.《詩經》〈小雅·十月之交〉의 "원로 한 분을
　아껴 남겨 두어서 우리 임금을 지키게 하지 않는구나.(不愁遺一老, 俾守我
　王.)"에서 나오는 말이다.

■ 이산보(李山甫, 1539~1594)

본관은 한산(韓山), 자는 중거(仲擧), 호는 명곡(鳴谷). 아버지는 1543년 생원시에 합격한 이지무(李之茂)이며, 어머니 능성구씨(綾城具氏)는 김제군수(金堤郡守) 구승유(具承裕)의 딸이다. 작은아버지는 토정(土亭) 이지함(李之菡, 1517~1578)이며, 사촌은 이산해(李山海, 1539~1609)이다. 부인 덕수이씨(德水李氏)는 이창(李懰)의 딸이다.

1567년 사마시를 거쳐, 1568년 증광문과에 급제해 승문원의 추천으로 춘추관에 들어갔다. 그 뒤 전적(典籍)·해미현감·정언 등을 지냈으며, 왕명을 받고 순안어사(巡按御史)로 북도(北道)를 순찰하고 돌아와 이조정랑 등을 역임하였다.

1585년에 부제학 김우옹(金宇顒)이 이이(李珥)·정철(鄭澈)을 논박하자, 이에 반박해 대사헌으로 특진되었다. 1589년 정여립(鄭汝立)의 기축옥사가 일어나자 대사간으로서 난국을 수습하고, 이듬해 성절사로 명나라에 다녀와 다시 대사헌이 되었다. 1591년 황해도관찰사로 있다가 건저문제(建儲問題: 왕세자의 책봉 문제)로 정철 등 서인이 화를 당하자 파직되어 보령에서 우거했다.

1592년 임진왜란이 일어나자 선조(宣祖)를 호종했고, 명나라 군대가 요양(遼陽)에 머물면서 진군하지 않자 명나라 장군 이여송(李如松)을 설득해 명군을 조선으로 들어오게 하는 데 큰공을 세웠다. 1594년 대기근이 들자, 동궁의 명을 받고 밤낮으로 구휼에 힘쓰다가 병을 얻어 홍양 객사에서 죽었다.

22. 원천군 이휘의 만시(挽原川君徽)

왕손으로 젊었을 당시에 선비스럽고 우아한 데다
충성과 의리도 당당하였음은 뭇사람 아는 바이라.
나라의 전복을 일으켜 세우려는 뜻만 공연히 컸나
아침이슬 마르듯 먼저 세상 떠나 사람들 슬퍼하네.
王孫儒雅少當時, 忠義堂堂衆所知。
瀝血扶顚空志大, 溘先朝露使人悲。

▌이휘(李徽, 1533~1594)

　본관은 전주(全州), 아명은 이징(李徵), 첫 개명은 이의(李歆), 자는 사미(士美). 아버지는 은계군(銀溪君) 이말숙(李末叔)이며, 어머니 해주최씨(海州崔氏)는 부사맹(副司猛) 최덕윤(崔德潤)의 딸이다. 이휘는 처음 원천부위(原川副尉)에 봉해지고 이어서 원천군(原川君)에 봉해졌다. 부인 함양여씨(咸陽呂氏)는 감찰 여세평(呂世平)의 딸인데, 2남1녀를 두었지만 아들들은 병으로 요절하였고 황신(黃愼)의 측실로 시집간 딸이 있다. 외손자로 황경항(黃景沆)·황경연(黃景淵)이 있다.

　1592년 임진왜란이 일어나자 특명으로 오위도총부 부총관에 임명되어 서울의 수비를 맡았다. 서울이 적에게 함락되자 처자권속을 거느리고 연천(漣川)·삭녕(朔寧) 사이에 있다가 동궁(東宮)이 이천(伊川)에서 군사를 위무하고 있다는 소식을 듣고 즉시 올라가 호종하였으며, 또한 의주의 행재소로 달려가서 왕을 호종하였다. 1593년 조정에서 처음으로 적화(賊禍)가 정릉(靖陵: 中宗의 능)에 미쳤다는 소식을 듣고 이휘를 조릉사(朝陵使)로 삼아 여러 능(陵)을 살핀 뒤 정릉의 대전관(代奠官)을 행하게 하였다. 이해 9월에는 중국 광녕(廣寧)에 달려가서 고양겸(顧養謙) 군문(軍門)에 급

함을 알리고 1594년 봄에 복명하였다. 그러나 5월이 되어 갑작스
레 풍병에 걸려 세상을 떠났다.

23. 졸옹의 만시(挽拙翁)

조정의 반열에서 엄정한 얼굴빛이 고인의 풍도 있고
맑은 기상 아름다운 몸가짐 관료들 중에 으뜸이었네.
마음가짐은 좋든 궂든 어떤 상황에서도 응당 변함없어
나라가 위난을 당했을 때 자기의 몸을 돌보지 않았네.
正色鵷行[1]有古風, 淸標懿範[2]冠諸公。
秉心[3]夷險應無貳, 當國艱危擬匪躬[4]。

단비 같은 인재 오기를 조정과 민간에서 갈망했지만
고니와 난새가 날아가니 푸른 대와 벽오동이 비었네.
덧없는 인생이야 필경 누구인들 꿈이 아닐 것이랴만
또 나라 걱정과 사사로운 정에 슬퍼함이 그치지 않네.
霖雨[5]望來朝野渴, 鵠鸞[6]飛去竹梧空。
浮生畢竟誰非夢, 且爲公私痛未窮。

---

1 鵷行(원항): 원추새가 줄지어 나는 데서, 조정의 앞뜰에 품계에 따라 차례로
  늘어선 벼슬아치의 줄을 비유적으로 이르는 말.
2 懿範(의범): 아름다운 모범. 훌륭한 본보기.
3 秉心(병심): 마음가짐.
4 匪躬(비궁): 자기의 이해를 돌보지 않고 임금이나 국가에 충성함.
5 霖雨(임우): 임금이 잘 다스릴 수 있도록 보필하여 세상을 안정시키고 백성

■ 홍성민(洪聖民, 1536~1594)

　본관은 남양(南陽), 자는 시가(時可), 호는 졸옹(拙翁). 아버지는 관찰사 홍춘경(洪春卿, 1497~1548)이며, 어머니 고성이씨(固城李氏)는 자산군수(慈山郡守) 이맹우(李孟友)의 딸이다. 부인 파평윤씨(坡平尹氏)는 연안부사 윤희(尹曦)의 딸이다. 영의정 홍서봉(洪瑞鳳, 1572~1645)의 삼촌이다.

　1561년 진사가 되었고, 1564년 식년문과에 급제하였다. 이후 정자 · 교리 등을 지냈으며, 대사간을 거쳐 1575년 호조참판에 이르러 사은사(謝恩使)로 명나라에 건너가 조선 건국 초기부터 선조 때까지 200여 년간 명나라에 잘못 기록된 태조 이성계(李成桂)의 세계(世系)를 시정해 달라고 주청하여 명나라 황제의 허락을 받아 가지고 돌아왔다. 1580년 경상도관찰사로 임명되었다. 그 뒤 부제학 · 예조판서 · 대사헌 · 경기도감사 등을 역임하였다. 1590년

을 구제하는 재주를 가진 사람을 일컬음. 《書經》〈說命 上〉의 "만약 큰 가뭄이 들게 되면 너를 사용하여 단비로 삼을 것이다.(若歲大旱, 用汝作霖雨)"에서 나온 말이다.

6　鵷鸞(곡란): 뛰어난 후손들을 일컬음. 韓愈의 〈殿中少監馬君墓銘〉의 "푸른 대 푸른 오동에 난새와 고니가 우뚝 선 듯하니, 능히 그 가업을 지킬 만한 이였다.(翠竹碧梧, 鵷鸞停峙, 能守其業者也.)"에서 나온 말이다.

익성군(益城君)에 봉하여졌다. 1591년 판중추부사가 되었다가 건저문제(建儲問題)로 정철(鄭澈)이 실각하자, 그 일당으로 몰려 북변인 부령(富寧)으로 유배되었다.

1592년 임진왜란이 일어나자 특사로 풀려나 복관되어 대제학을 거쳐, 호조판서에 이르렀다. 같은 해에 모친상을 당하여 삼년상을 마치기 전에 죽고 말았다.

24. 회양부사 김연광을 애도하다(悼金淮陽鍊光)[1]

회양부사 김연광이 살해를 당하여 애도한다.
悼金淮陽鍊光遇害。

어수선한 고을고을이 죄다 바람에 풀 눕듯 하니
굳게 지키던 그대는 끝내 죽으리란 것 알았도다.
지금까지 묻혀 버린 채로 추숭하는 은전 없으니
이와 같은 사람의 명망과 절개 뉘라서 알겠는가.
紛紛州郡盡風靡[2], 確守君能竟死綏[3]。
埋沒至今無獎典, 若人名節有誰知。

---

1   소제목이 없으나, 역주자가 편의적으로 붙임.
2   風靡(풍미): 바람에 초목이 쓰러짐. 어떤 사회적 현상이나 사조 따위가 널리
   사회에 퍼짐을 이르는 말이다.
3   死綏(사수): 전쟁터에서 죽음.

▌ 김연광(金鍊光, 1524~1592)

본관 김해(金海), 자는 언정(彦精), 호는 송암(松巖). 아버지는 영원군수(寧遠郡守) 김이상(金履祥, 1498~1576)이며, 어머니는 경주이씨(慶州李氏)다. 부인 전주최씨(全州崔氏)는 최개(崔漑)의 딸이다.

1549년 사마생원 양시에 합격하고, 1555년 식년문과에 급제하였다. 교리·제용감첨정(濟用監僉正)·평양판관(平壤判官) 등을 거쳐 부여현감, 옹진현감, 온양군수(溫陽郡守), 봉산군수(鳳山郡守), 평창군수(平昌郡守)가 되었다.

1592년 회양부사(淮陽府使)로 있을 때 임진왜란을 맞았는데, 적장 모리길성(毛利吉成)이 강원도에 쳐들어오자 군사·관원들은 모두 도망갔으나 성문 앞에 홀로 조복을 갖추어 입고 정좌한 채 있다가 적에게 참살당하였다.

25. 조방장 문몽헌과 길주목사 이신충을 애도하다 (悼助防將文夢軒吉州牧使李愼忠)

가등청정(加藤清正)의 적진에게 함락되었는데, 밤을 틈타 달아나다가 사로잡혀 몸둥이가 찢어발겨져 죽었다.

陷清正賊鎭, 乘夜逃逸, 被執屠裂而死。

문몽헌은 일찍이 재주에 용맹도 있다며 칭송했고
이신충은 원래 슬기로워 제 앞가림할 줄 알았다네.
호랑이 아가리에 잘못 던져져 모두 도륙되었으나
늠름한 그 혼백이야 오히려 우리나라 신하일러라.

文將早稱才有勇, 吉州元自智資身[1]。
誤投虎口俱屠戮, 毅魄猶爲本國臣。

---

1 資身(자신): 제 한 몸 건사함.

■ 문몽헌(文夢軒, 1535~1593)

본관은 남평(南平), 자는 여길(汝吉). 아버지는 적순부위(迪順副尉) 문유광(文有光, 1495~1570)이며, 어머니는 영광김씨(靈光金氏, 1494~1561)이다. 두 사람의 사이에서 장남으로 태어났다. 부인 강릉김씨(江陵金氏, 1536~1613)는 김충준(金忠俊)의 딸이다.

1570년 식년무과에 급제하였다. 1575년 강진현감, 1578년 강계판관(江界判官)을 지냈고, 1589년 강섬(姜暹)에 의하여 무장(武將)으로서 천거되었다. 그 뒤 강원도방어사(江原道防禦使)를 지냈다.

1592년 회령부사(會寧府使)로 재임 중 회령아전 국경인(鞠景仁)에 의하여 임해군(臨海君)·순화군(順和君)의 두 왕자와 함께 잡혀 왜장 가등청정(加藤淸正)에게 포로로 넘겨졌다. 《연려실기술(燃藜室記述)》에 의하면, 이때 그의 아내와 딸 및 비복까지 결박당해 잡혔다고 한다.

■ 이신충(李愼忠, 1553~1592)

본관은 전의(全義), 자는 경침(景沈). 아버지는 참의와 지제교를 지낸 이원손(李元孫, 1498~1554)이다. 이원순의 첫째 부인 밀양박씨(密陽朴氏)는 박학령(朴鶴齡)의 딸이며, 둘째 부인 전주이씨(全州李氏)는 처인도정(處仁都正) 이성종(李盛終)의 딸인데, 밀양박씨는 후사가 없다. 두 사람의 사이에서 셋째 아들로 태어났다. 부인 진주소씨(晉州蘇氏)는 소준(蘇浚)의 딸이다. 직산현감, 괴산군수, 홍주목사, 해주목사, 형조참판 등을 지낸 이신의(李愼儀, 1551~1627)의 동생이다.

1579년 식년무과에 급제하였다. 판관(判官)을 거쳐 길주목사(吉州牧使)를 지냈다.

1592년 임진왜란에서 승리를 거두어 비를 세운 〈북관대첩비(北關大捷碑)〉에 의하면, '국경인(鞠景仁) 등이 반역하여 적에게 내응하였다. 국경인은 회령부(會寧府)의 아전으로 본성이 악하여 순종하지 아니하더니 적이 부령(富寧)에 이르자 그 위기를 타고 난을 일으켜 피란해온 두 왕자와 대신(大臣)들을 잡고, 장수와 관리들을 묶어 적에게 주고 정성을 보였다.'라고 기록되어 있는 바, 이때 이신충은 죽기에 이르렀다.

26. 창의사 종사관 정자 류팽로를 조문하다
(弔倡義從事官柳正字彭老)

　금산의 전투에서 주장(主將) 첨지 고경명(高敬命)이 탄 말이 쓰러졌다가 달아나자, 류팽로는 곧바로 타고 있던 말을 주장에게 주었으나 끝내 함께 죽고 말았다. 류팽로의 종 또한 그 의리에 감격하여 힘껏 싸우다가 죽었다.

　錦山之戰, 主將高僉知, 馬仆而逸, 彭老卽以所騎馬與之, 竟與同死。彭老之奴, 亦感其義, 力戰而死。

　호남에서 그대가 남보다 먼저 의병을 일으키고
　난리에 임하여 목숨 버리는 것 달갑게 여겼네.
　또한 돌려보냈던 그의 종이 같은 날에 죽었으니
　아름다운 이름과 큰 절개 함께 후세에 전해지네.
　湖南倡義子能先, 臨亂還甘性命捐。
　更遣其奴同日死, 芳名大節共流傳。

■ 류팽로(柳彭老, 1554~1592)

본관은 문화(文化), 자는 형숙(亨叔)·군수(君壽), 호는 월파(月坡). 아버지는 충의위 어모장군(忠義衛禦侮將軍)과 충주판관(忠州判官)을 지낸 류경안(柳景顏, 1515~1590)이다. 류경안의 첫째 부인 남원윤씨(南原尹氏, 1519~1565)는 봉사(奉事) 윤부(尹溥)의 딸이며, 둘째 부인 양천허씨(陽川許氏, 1544~1605)는 참봉 허후(許垕)의 딸이다. 류팽로는 류경안과 남원윤씨의 사이에서 첫째 아들로 태어났다. 부인 원주김씨(原州金氏, 1564~?)는 부사과(副司果) 김침(金琛)의 딸이다.

1579년 진사시에 합격하고 1588년 식년문과에 급제하였으나, 벼슬에 뜻을 두지 않고 옥과현(玉果縣)에서 살았다.

1592년 임진왜란이 일어나자 양대박(梁大樸)·안영(安瑛) 등과 함께 궐기하였으며, 피난민 500명과 가동(家僮) 100여명을 이끌고 담양에서 고경명(高敬命)의 군사와 합세하였다. 여기에서 고경명이 의병대장으로 추대되었는데, 류팽로는 고경명 휘하의 종사관(從事官)이 되었다. 호남의병들은 처음에 근왕(勤王)을 목적으로 북상하려 하였으나, 왜적이 전주를 침입하려 하자 금산(錦山)에서 왜적을 맞아 싸웠다. 일단 탈출하였지만 고경명이 아직

도 적진 속에 있다는 말을 듣고 다시 적진에 뛰어들어, 고경명을
구하다가 끝내 전사하고 말았다.

27. 증첨지 의병장 승려 영규를 조문하다
(弔贈僉知義兵將山人¹靈珪)

청주와 금산에서 교전해 적의 예리한 칼날 꺾었으니

호남과 호서가 함락되지 않은 것은 누구의 공이런가.

분주히 녹을 먹은 관리는 능히 부끄러움이 없고

승려는 나라 위해 먼저 죽어 충성을 다하였구나.

淸錦交兵²挫銳鋒, 兩湖保障是誰功。

紛紛食祿能無恥, 髡釋³先輸死國忠。

---

1 山人(산인): 산에 사는 사람이라는 뜻으로, 승려나 도사를 이르는 말.
2 交兵(교병): 병사들이 병기를 맞부딪히며 싸움.
3 髡釋(곤석): 승려라는 뜻인 듯.

■ 영규(靈珪: 靈圭의 오기, ?~1592)

밀양박씨(密陽朴氏). 호는 기허(騎虛). 충청남도 공주(公州) 출신. 계룡산의 갑사(甲寺)에 들어가 출가하고, 뒤에 휴정(休靜, 1520~1604)의 문하에서 법을 깨우쳐 그의 제자가 되었다.

1592년 공주의 청련암(靑蓮庵)에 있을 때 임진왜란이 일어나자 분을 이기지 못하여 3일 동안을 통곡하고 충청도에서 스스로 승장(僧將)이 되었다. 의승(義僧) 수백 명을 규합하여 관군과 더불어 청주성(淸州城)의 왜적을 쳤다. 관군은 패하여 달아났으나, 그가 이끄는 승병이 분전하여 마침내 8월초 청주성을 수복하였다.

이어 의병장 조헌(趙憲)이 전라도로 향하는 소조천융경(小早川隆景: 고바야가와 다카카게)의 일본군을 공격하고자 할 때, 그는 관군과의 연합작전을 위하여 이를 늦추자고 하였다. 그러나 조헌이 생각을 바꾸지 않자, 그는 조헌을 혼자서 죽게 할 수는 없다고 하면서 조헌과 함께 금산전투(錦山戰鬪)에 참가하였다. 그리하여 조헌이 이끄는 의사(義士)와 영규가 거느린 승군(僧軍)은 1592년 8월 18일 금산전투에서 최후의 한 사람까지 싸워 왜군의 호남 침공을 저지하였다.

28. 해남현감 변응정을 조문하다(弔海南縣監邊應井)

금산의 왜적을 토벌하기 위하여 싸우다가 죽었다.
討錦賊, 戰死。

의병장 두 사람이 진중에서 서로 이어 죽자
왜적의 기세 등등하니 누가 감당할 수 있으랴.
나라 위해 몸 돌보지 않고 호랑이 굴 더듬으니
호남은 끝내 그에 힘입어서 강토를 보전하였네.
義兵兩將[1]陣中亡, 賊勢憑陵[2]孰敢當。
爲國忘身探虎穴, 湖南終賴保封疆。

---

1   義兵兩將(의병양장): 高敬命과 趙憲을 가리킴.
2   憑陵(빙릉): 세력을 믿고 남을 핍박하고 침범함.

■변응정(邊應井, 1557~1592)

　본관은 원주(原州), 자는 문숙(文淑). 아버지는 공조좌랑 변열(邊悅)이며, 어머니 철성이씨(鐵城李氏)는 병사(兵使) 이흔(李昕)의 딸이다. 부인 완산이씨(完山李氏)는 현감(縣監) 이식(李軾)의 딸이다.

　1585년 무과에 급제하고, 월송만호(越松萬戶), 선전관 등을 역임하였다.

　1592년 해남현감(海南縣監)으로 재직 중 임진왜란이 일어나자 고을 안의 난민(亂民)들이 부고(府庫)를 부수고 관물(官物)을 약탈해 가는 등 관내에서 일으킨 소요를 진정시키는 한편, 격문을 돌려 의병을 규합하였다. 또 대군(大軍)으로 침입한 왜적의 본토인 대마도(對馬島)가 비어 있을 것을 들어 이를 공략하면 왜적은 저절로 무너질 것이라고 주장하며 일본 정벌을 상소하였다.

　금산(錦山)에서 조헌(趙憲)과 합류하여 공격할 것을 약속하였으나 행군에 차질이 생겨 조헌이 전사한 뒤에 도착했지만, 육박전으로 왜적과 싸워 큰 전과를 올렸으나 적의 야습(夜襲)을 받아 장렬히 전사하였다.

29. 김제군수 정담을 애도하다(悼金堤郡守鄭湛)

웅치(熊峙)에서 싸우다가 죽었다.

戰死熊峴[1]。

국난을 당하여 힘껏 싸우다가 목숨을 버렸으니
이로부터 호남은 그 덕택에 온전할 수 있었네.
공적이 컸지만 지금까지도 추숭하는 은전 없으니
충성스런 넋은 어느 날에나 황천에서 눈 감으리.

臨危力戰捐軀命, 從此湖南賴得全。
功大至今無奬典, 忠魂何日暝重泉。

---

1 熊峴(웅현): 熊峙. 전라북도 진안군 부귀면 세동리와 완주군 소양면 신촌리
  사이에 있다. 속칭 곰치라고 한다. 1592년 임진왜란 때 나주 판관 李福
  男·의병장 黃璞·김제군수 鄭湛·남해현감 邊應井 등이 錦山에서 이 고개
  를 넘어 全州로 침입하려는 왜군을 맞아 싸우다가 장렬히 전사하였다.

■ 정담(鄭湛, 1548~1592)

　본관은 영덕(盈德), 자는 언결(彦潔). 아버지는 부위(副衛) 정창국(鄭昌國)이며, 어머니 전의이씨(全義李氏)는 충의위(忠義衛) 이순응(李順應)의 딸이다. 부인 함양박씨(咸陽朴氏)는 박순수(朴舜壽)의 딸이다. 사위가 황응징(黃應澄)이니, 해월(海月) 황여일(黃汝一)은 외손자이다.

　1571년 금군(禁軍)으로서 제주도에서 근무하였으며, 그 후 함경도에서 신립(申砬) 휘하에 있으며 이탕개(尼蕩介)의 난을 진압하였다. 1583년 무과에 급제한 뒤 신립의 아장(牙將)으로 발탁되었고, 용양위부장(龍驤衛部將)으로 승진하고서 회령(會寧)과 경원(慶源)의 판관으로 각각 부임하였다.

　1592년 김제군수(金堤郡守)로 있던 중 임진왜란이 일어나자 의병을 모집하여 나주판관(羅州判官) 이복남(李福男), 해남현감(海南縣監) 변응정(邊應井), 의병장 황박(黃樸) 등과 함께 금산(錦山)을 거쳐 전주(全州)를 공략하려는 소조천융경(小早川隆景: 고바야카와 다카가게)의 왜군을 웅치(熊峙)에서 육탄전으로 싸워 진격을 막아냈지만 모두 전사하였다.

30. 좌랑 고종후를 조문하다(弔高佐郞從厚)

나라와 아버지의 원수를 같은 하늘 아래 살 수 없어
의병을 일으켜 곧장 피비린내 일소하리라 생각했네.
진주성에서 한번 싸우다가 기꺼이 목숨을 버렸으니
충효로 이어온 집안의 명성 만고토록 온전하리로다.
國賊親讐不共天, 興師[1]直擬掃腥羶[2]。
晉城一戰甘捐命, 忠孝家聲萬古全。

---

1 興師(흥사): 의병을 일으킴.
2 腥羶(성전): 피비린내. 오랑캐가 일으킨 전쟁을 뜻한다.

■ 고종후(高從厚, 1554~1593)

　본관은 장흥(長興), 자는 도충(道沖), 호는 준봉(隼峰). 광주(光州) 출신. 형조좌랑 고운(高雲, 1495~?)의 증손으로, 할아버지는 호조참의 고맹영(高孟英, 1502~1565)이다. 아버지는 의병장 고경명(高敬命, 1533~1592)이며, 어머니 울산김씨(蔚山金氏)는 김백균(金百鈞, 1525~1584)의 딸이다. 고종후의 첫째 부인 의령남씨(宜寧南氏)는 남전(南全)의 딸이며, 둘째 부인 고성이씨(固城李氏)는 이복원(李復元)의 딸이다. 고종후는 의령남씨와의 사이에 2녀, 고성이씨와의 사이에 2남1녀를 두었다.

　1570년 진사가 되고, 1577년 별시문과에 급제하여 임피현령(臨陂縣令)에 이르렀다.

　1592년 임진왜란 때 아버지 고경명을 따라 의병을 일으켰고, 제1차 금산(錦山)싸움에서 아버지와 동생 고인후(高因厚)를 잃었다. 이듬해 1593년 다시 의병을 일으켜 스스로 복수의병장(復讐義兵將)이라 칭하고 여러 곳에서 싸웠고, 제2차 진주성전투 당시 위급해진 진주성(晉州城)에 들어가 성을 지켰으며 성이 왜병에게 함락될 때 김천일(金千鎰)·최경회(崔慶會) 등과 함께 남강(南江)에 몸을 던져 죽었다.

31. 증우찬성 충청병사 황진을 조문하다
(弔忠淸兵使贈右贊成黃進)

　남보다 뛰어난 용맹과 지략으로 적을 무찔러 참획한 것이 많았다. 관군을 거느리고 남쪽으로 내려가 이리저리 옮겨다니며 싸우면서 앞장서다가 김천일과 진주성을 지켰으니, 진주는 호남으로 들어가는 요충지였기 때문이다. 장수와 군사들을 어루만지면서 눈물을 흘리며 격려하였고, 몸소 흙과 돌을 져다 끝내 성곽을 완전히 수리하였다. 사람들이 모두 감격하여 용기를 내어서 죽기를 각오하니, 밤낮으로 고전하였어도 끝까지 내내 해이하지 않았다. 옛날 명장의 풍모가 있었으나, 성이 함락되기 하루 전날에 적의 탄환을 맞고 죽었다.

　勇略過人, 擊賊多斬獲。領兵南下, 轉鬪以前, 與金千鎰, 守晉州城, 以晉爲湖南保障也。撫循[1]將士, 涕泣激厲, 親負土石, 終完城堞。人皆感奮效死, 晝夜苦戰, 終始不懈。有古將風, 城陷前一日, 中丸而死。

1　撫循(무순): 잘 어루만져 복종하게 함.

육도병법이야 마땅히 곡성옹으로부터 나왔겠지만
정예 거느려 적의 칼날 꺾으니 향하는 곳마다 비네.
경감과 등우 같은 큰 공 세우다가 중도에 죽으니
기린각에서 당당한 풍모를 영원히 우러르리로다.
六韜應出穀城翁[2], 盡銳摧鋒所向空。
耿鄧[3]元功中道沒, 麒麟[4]終古[5]仰雄風。

---

2 穀城翁(곡성옹): 谷城翁. 黃石公을 가리킴. 《史記》〈留侯世家〉의 "13년
   뒤에는 네가 나를 제나라 북쪽에서 만나게 될 것인데, 곡성산 아래 있는
   누런 바위가 바로 나다.(十三年孺子見我濟北, 谷城山下黃石卽我矣.)"를
   살피건대 黃石公임을 알 수 있다. 황석공은 漢나라 張良이 일찍이 下邳의
   흙다리 위[圮上]에서 黃石公이 다리 밑으로 떨어뜨린 신을 주워다가 그에게
   신겨주고 그로부터 太公의 兵書를 받아 익힌 다음, 漢高祖의 謀臣이 되어
   마침내 秦나라를 멸하고 漢業을 세운 고사가 있다. 태공의 병서가 周나라
   文王을 도와 백성들에게 어진 정치를 베푼 강태공이 지은 《六韜》라는 설이
   있다.
3 耿鄧(경등): 耿弇과 鄧禹를 일컬음. 모두 後漢 光武帝 때의 충신으로 젊은
   나이에 후한을 세우는 데 큰 공을 세운 사람들이다. 등우는 24세 때에 三公에
   임명되고 侯의 封爵을 받았으며, 군대를 이끌고 정벌하여 후한을 세우는
   데 元勳이 되었고, 경감은 27세에 대장이 되어 정벌을 맡았고, 張步와 蘇茂
   를 평정하였으며, 3백 개의 성을 함락시켰다.
4 麒麟(기린): 麒麟閣. 前漢의 궁전 이름. 武帝가 기린을 얻었을 때 마침 전각
   이 낙성되어 전각 안에 기린의 화상을 그려 붙이고 기린각이라 했으며, 宣帝
   가 공신 霍光, 張安世, 韓增, 趙充國, 魏相, 丙吉, 杜延年, 劉德, 梁丘賀,
   蕭望之, 蘇武 등 11명의 초상을 그려 벽에 걸었다.
5 終古(종고): 오랜 세월. 영원히.

▌황진(黃進, 1550~1593)

　본관은 장수(長水), 자는 명보(明甫), 호는 아술당(蛾述堂). 아버지는 황윤공(黃允恭, 1517~1555)이며, 어머니 남원방씨(南原房氏)는 봉사(奉事) 방응성(房應星)의 딸이다. 부인 진주소씨(晉州蘇氏, 1549~1626)는 소충세(蘇忠世)의 딸이다. 황윤길(黃允吉)은 그에게 당숙이 된다.

　1576년 무과에 급제하고, 선전관이 되었다. 1577년 종계변무(宗系辨誣) 일로 사신 황림(黃琳)을 보좌하여 군관으로 명나라에 다녀왔다. 1583년 여진족이 쳐들어와 일으킨 이탕개(尼蕩介)의 난에서 공을 세웠다. 1591년 조선통신사 황윤길(黃允吉)을 따라 일본에 다녀와 미구에 일본이 내침(來侵)할 것을 예언하였으며, 같은 해 8월 동복현감(同福縣監)에 임명되었다.

　1592년 임진왜란이 일어나자 동복현감으로 전라도 관찰사 이광(李洸)을 따라서 근왕병(勤王兵)을 이끌고 북상하였으나 용인(龍仁)에서 패전하고 말았다. 전라도로 철군하여 전열을 정비한 다음, 전라도를 진출하기 위해 왜적이 전주(全州)로 쳐들어오자 진안(鎭安)에서 왜적의 선봉장을 사살한 뒤 적군을 안덕원(安德院)에서 격퇴하였다. 훈련원판관(訓鍊院判官)이 되어 권율(權慄) 장군과

이치전투(梨峙戰鬪)에서 적을 무찔렀다. 그 공으로 익산군수(益山郡守) 겸 충청도조방장(忠淸道助防將)에 오르고, 권율을 따라 한양으로 북상하여 수원(水原)의 독산성(禿山城)에 주둔하였다가 전라병마절도사 선거이(宣居怡)를 따라 수원(水原)에서 싸웠다.

1593년 충청도병마절도사에 승진하여 경기 죽산(竹山)에서 왜군과 대치하며 전투를 벌였다. 패퇴하는 적을 추격하여 상주(尙州)에 이르는 동안 연승을 거두었다. 적의 대군이 2차로 진주성(晉州城)을 공략하려고 하자, 창의사(倡義使) 김천일(金千鎰), 병마절도사 최경회(崔慶會)와 함께 성 안으로 들어가 9일 동안 혈전 끝에 전사하였다.

32. 증병조참의 장윤(贈兵曹參議張潤)

  황진의 부장이 되었는데, 그 전공(戰功)이 황진에 버금갔으나
또한 적의 탄환을 맞고 죽었다.
  爲黃進副將, 功亞於進, 亦中丸而死。

  한 조각의 외로운 성이 겹겹이 포위되었고
  작은 구원마저 끊어져 일은 이미 그르쳤네.
  영웅의 승리와 패배 힘으로 되기 어려우나
  죽은 후의 공명이 응당 돌아갈 곳 있으리라.
  一片孤城百市圍, 蚍蜉援絶事還非。
  英雄成敗難容力, 身後功名會有歸。

■ 장윤(張潤, 1552~1593)

　본관은 목천(木川), 자는 명보(明甫). 아버지는 무과를 급제하여 옥포만호(玉浦萬戶)와 해서선전관(海西宣傳官)을 지낸 장응익(張應翼, 1523~1585)이며, 어머니 광산김씨(光山金氏)는 참봉 김순상(金舜祥)의 딸이고, 수사(水使) 김의경(金義卿)의 손녀이자 여산송씨(礪山宋氏) 송사검(宋思儉)의 외손녀이다. 부인 의령남씨(宜寧南氏, 1553~1618)는 첨지 남경운(南景雲)의 딸이고, 남양원(南良元)의 손녀이며, 이천서씨(利川徐氏) 서효례(徐孝禮)의 외손녀이다.

　1582년 무과에 급제하여 북도의 변장을 제수받았으나, 아버지의 병환으로 벼슬을 버리고 낙향하여 간호하였다. 1588년 다시 선전관에 임명되고 훈련원정(訓鍊院正)을 거쳐 사천현감(泗川縣監)에 제수되었다.

　1592년 임진왜란이 일어나자 임계영(任啓英)이 이끌던 전라좌의병(全羅左義兵) 부장(副將)이 되어 장수현(長水縣)에서 적을 방어하다가 함양(咸陽)·성산(星山)·개령(開寧)에서 왜적과 전투를 벌여 큰 전과를 올렸다. 1593년 6월 제2차 진주성전투에서 진주성이 위험하자 창의사(倡義使) 김천일(金千鎰), 충청병사 황진(黃進), 경상우병사 최경회(崔慶會) 등과 함께 힘껏 싸우다가 전사하였다.

33. 증북병사 녹도만호 정운(鹿島萬戶贈北兵使鄭運)

정운은 전라 좌수사 이순신이 거느린 수군 속에 있었는데, 한 산도 등지에서 여러 차례 승리한 것은 모두 그의 공로였지만 적의 탄환을 맞고 죽었다.

運在全羅左水使李舜臣[1]舟師軍中, 閑山島等地, 累次奏捷,

---

1 李舜臣(이순신, 1545~1598): 본관은 德水, 자는 汝諧. 1576년 식년무과에 급제했다. 1589년 柳成龍의 천거로 高沙里僉使로 승진되었고, 절충장군으로 滿浦僉使 등을 거쳐 1591년 전라좌도 水軍節度使가 되어 여수로 부임했다. 이순신은 왜침을 예상하고 미리부터 군비 확충에 힘썼다. 특히, 전라좌수영 본영 선소로 추정되는 곳에서 거북선을 건조하여 여수 종포에서 點考와 포사격 시험까지 마치고 돌산과 沼浦 사이 수중에 鐵鎖를 설치하는 등 전쟁을 대비하고 있었다. 임진왜란이 일어나자 가장 먼저 전라좌수영 본영 및 관하 5관(순천·낙안·보성·광양·흥양) 5포(방답·사도·여도·본포·녹도)의 수령 장졸 및 전선을 여수 전라좌수영에 집결시켜 전라좌수영 함대를 편성하였다. 이 대선단을 이끌고 玉浦에서 적선 30여 척을 격하고 이어 泗川에서 적선 13척을 분쇄한 것을 비롯하여 唐浦에서 20척, 唐項浦에서 100여 척을 각각 격파했다. 7월 閑山島에서 적선 70척을 무찔러 閑山島大捷이라는 큰 무공을 세웠고, 9월 적군의 근거지 부산에 쳐들어가 100여 척을 부수었다. 이 공으로 이순신은 정헌대부에 올랐다. 1593년 다시 부산과 熊川의 일본 수군을 소탕하고 한산도로 진을 옮겨 本營으로 삼고 남해안 일대의 해상권을 장악, 최초로 삼도수군통제사가 되었다. 1596년 원균 일파의 상소로 인하여 서울로 압송되어 圄圄의 생활을 하던 중, 우의정 鄭琢의 도움을 받아 목숨을 건진 뒤 도원수 權慄의 막하로 들어가 백의종군하였다. 1597년 정유재란 때 원균이 참패하자 다시 삼도수군통제사에 임명되었다. 12척의 함선과 빈약한 병력을 거느리고 鳴梁에서 133척의 적군과 대결, 31척을 부수

皆其功也, 中丸死。

큰 파도 하늘로 치솟듯 한번 박차자 적이 비었으니
그대의 재주는 백부 중에 으뜸인 것을 알게 되었네.
왜놈들이 감히 남쪽 바다를 엿보지 못하게 되었으니
죽은 뒤에 응당 공훈에 대해 상 내려야 하지 않으랴.
鯨浪掀天一蹴空, 知君才是百夫雄。
倭奴不敢窺南海, 身後應當不賞功。

어서 명량대첩을 이끌었다. 1598년 명나라 陳璘 제독을 설득하여 함께 여수
묘도와 남해 露梁 앞바다에서 순천 왜교성으로부터 후퇴하던 적선 500여척
을 기습하여 싸우다 적탄에 맞아 전사했다.

■ 정운(鄭運, 1543~1592)

　본관은 하동(河東), 자는 창진(昌辰). 아버지는 훈련참군 정응정(鄭應禎)이며, 어머니 선산임씨(善山林氏)는 임매원(林邁元)의 딸이다. 부인은 청풍김씨(淸風金氏)이다.

　1570년 무과에 급제한 뒤 훈련원봉사(訓鍊院奉事)가 되고, 1580년 금갑도수군권관(金甲島水軍權管)과 거산도찰방(居山道察訪)을 지냈다. 1583년 강령군수(康翎郡守), 1584년 웅천현감(熊川縣監) 등을 거쳐 1585년 제주판관(濟州判官)이 되었으나 목사와의 불화로 파직되었다가 1588년 사복시판관(司僕寺判官)을 거쳐 1591년 녹도만호(鹿島萬戶)로 부임하였다.

　1592년 임진왜란이 일어나자 경상좌수사 박홍(朴泓)은 도망치고 경상우수사 원균(元均)이 이순신(李舜臣)에게 구원병을 요청하였는데, 방어에 집중하자는 다수의 의견 속에서 군관 송희립(宋希立)과 함께 결사적으로 출전할 것을 주장하였다. 그 뒤 옥포(玉浦)·당포(唐浦)·합포(合浦) 등의 해전에서 선봉장으로 활약했다. 7월 한산도(閑山島) 해전에서 큰 전과를 올리고, 마침내 9월의 부산포해전(釜山浦海戰)에서 우부장(右部將)으로 선봉에서 싸우다가 전사하였다.

34. 강진현감 송제와 결성현감 김응건
(康津縣監宋悌·結城縣監金應鍵)

두 사람은 백성들을 잘 다스린 데다 전공이 있었는데, 적과 싸우다가 진주에서 함께 죽었다.

兩人, 善治民, 有戰功, 竝死晉州。

몸 돌보지 않고 이미 신하로서의 절개 알았나니
두 장수의 훌륭한 명성 사후에도 나란하리로다.
산야에 뼈와 살을 메운 채로 버려두었을지라도
넋이 있다면 아름답게 회복된 고향 바라며 울리라.

忘身已識爲臣節, 二將芳名死後齊。
原隰[1]從他塡骨肉, 有魂休復[2]望鄉啼。

---

1 原隰(원습): 높고 마른 땅과 낮고 젖은 땅.
2 休復(휴복): 아름답게 돌아옴.

■ 송제(宋悌, 1547/1559~1592)

본관은 남양(南陽), 자는 유칙(維則), 호는 매와(梅窩). 아버지는 기자전참봉(箕子殿參奉) 송승주(宋承周, ?~1568)이며, 어머니 김해 김씨(金海金氏, ?~1607)는 선전관 김필(金弼)의 딸이다. 부인은 능성구씨(綾城具氏)이다.

선조(宣祖) 때 봉상시첨정(奉常寺僉正)에 천거되었는데, 1592년 임진왜란이 일어나자 용만(龍灣)까지 어가를 호종하였다. 이때 이덕형(李德馨)을 따라 명나라에 가서 급보를 알리고 요(遼)에서 돌아온 뒤에 남포(藍浦)와 당진(唐津) 현감을 지냈다. 1593년 호서에서 창의(倡義)하여 병사(兵使) 황진(黃進)과 의령(宜寧)에서 합류하고 진주성(晉州成)에서 왜적과 싸우다가 장렬하게 전사했다.

부인 능성구씨는 남편의 순절 소식을 듣고 아들 송덕준(宋德駿)을 남편의 형 송지(宋智)에게 부탁하며, "이 아이를 잘 보살펴 충신의 가통이 끊어지지 않게 하십시오.(善保此兒, 無絶忠臣之世)"라고 하였다. 이어 손가락을 깨물어 혈서로, "촉석을 감아 도는 진주 남강의 물이여, 장군이 순국하였으니 절의가 영광되도다. 충신의 집안에 충신의 첩이 있으니, 충신과 함께 생사를 하고 싶노라.(晉水深深繞矗石, 將軍殉國節爲榮, 忠臣家有忠臣妾, 願與忠臣

以死生.)는 시를 쓰고는 자결했다고 윤기(尹愭)의 〈제매와송공순절록(題梅窩宋公殉節錄)〉, 송환기(宋煥箕)의 〈남양송씨쌍충묘비명(南陽宋氏雙忠墓碑銘)〉에 기록되어 있는데, 마침내 물과 곡기를 끊고 죽었다.

■ 김응건(金應健, 1550~1593)

　원전의 김응건(金應鍵)은 김응건(金應健, 1550~1593)의 오기.
본관은 선산(善山), 자는 경이(景以). 세거지는 이천(利川). 할아버
지는 1513년 사마생원 양시에 합격하고 1524년 별시문과에 급제
하여 안동부사와 사재감정(司宰監正)을 지낸 김정신(金鼎臣)이고,
아버지는 1546년 식년무과에 급제하고 호조정랑을 지낸 김신기
(金愼幾)이다. 부인 전주류씨(全州柳氏)는 참봉(參奉) 류의(柳儀,
1518~1576)의 장녀이며, 장모는 노첨(盧僉)의 딸이다. 처남으로는
병조참판을 지낸 류영길(柳永吉, 1538~1601)과 영의정을 지낸 류
영경(柳永慶, 1550~1608)이다.

　어린 나이에 무예로 이름을 날리다가 1583년 별시무과에 급제
하였다.

　결성현감(結城縣監)으로 재임 중이던 1592년 임진왜란이 일어
나자 무기를 마련하고 군사를 훈련시켜 왜적과 치열한 전투가 벌
어지고 있던 경상도 진주성(晉州城)으로 갔다. 충청병마절도사 황
진(黃進)과 함께 왜적에 대항하여 혈전을 벌였으나 중과부적으로
패배하였고, 결국 1593년 9월 전사하였다. 1729년 그의 충성심을
높이 사서 병조참의(兵曹參議)로 추증하였다.

35. 해미현감 정명세(海美縣監鄭名世)

　　다스린 고을이 호서에서 제일이었는데, 현(縣)의 병사들을 이
끌고 남쪽으로 내려갔다가 진주에서 전사하였다.
　　治邑爲湖西第一, 率縣兵南下, 死晉州。

　　당당한 충성과 의리가 양호 격발하였으니
　　평소의 지조와 절개는 만인의 으뜸이었네.
　　기꺼이 목숨 버려서 끝내 부끄러움이 없었으니
　　구차히 산 사람 한낱 썩은 선비가 되고 말았네.
　　忠義堂堂激兩湖, 平生志節雄萬夫。
　　甘心舍命終無愧, 肯作偸生一腐儒。

▌정명세(鄭名世, 1550~1593)

　본관은 진주(晉州), 자는 백시(伯時), 호는 독곡(獨谷). 충장공
(忠莊公) 정분(鄭苯)의 5세손이다. 아버지는 정희장(鄭希章, 생몰년
미상)이며, 어머니 흥덕장씨(興德張氏)는 장신(張信)의 딸이고 장
극평(張克平)의 손녀이다. 부인 청풍김씨(淸風金氏)는 참봉 김홍
한(金弘漢)의 딸이고, 송천(松川) 양응정(梁應鼎)의 외손녀이다.

　1570년 진사가 되고 1573년 식년문과에 급제하였다. 1586년
해미현감(海美縣監)에 제수되었다.

　1592년 임진왜란이 일어났을 때 군대를 이끌고 임진병화겸호
서의병장(壬辰兵禍兼湖西義兵將)으로 아산(牙山)과 평택(平澤)의 적
진에 진격하여 왜적과 싸워 이겼다. 1593년 왜군은 1592년에 패한
치욕을 씻기 위해 함안(咸安)·반성(班城)·의령(宜寧)을 차례로 점
령하고 3만 7천 명의 병력을 동원하여 제2차 진주성 공격에 나섰
다. 이때 정명세는 조방장으로 창의사 김천일(金千鎰), 충청병사
황진(黃進), 경상우병사 최경회(崔慶會), 의병복수장 고종후(高從
厚) 등과 성을 지키다가 순절하였다.

36. 조방장 유극량(助防將劉克良)

임진강 전투에서 유극량은 일이 이루어지지 않을 것을 알고 퇴각하려 하였는데, 주장 신할이 그를 불러 말하기를, "유극량 또한 달아나느냐?"라고 하니, "그렇다면 늙은 이 몸도 마땅히 이곳에서 죽을 것입니다."라고 하였다. 마침내 같이 진격하여 힘을 다해 싸워 적을 사살한 것이 매우 많았으나 끝내 해를 입었다.

臨津之戰, 克良知事不成, 欲退, 主將甲硆[1]呼曰: "良亦走乎?"曰: "然則老夫當死於此." 遂同進力戰, 射殺甚衆, 竟遇害。

넓은 견문 겸손한 처신 세상에 뉘 짝할 수 있으랴
전투에 임하여 승부 결정짓는 작전 없지 않았네.
견제 받아 끝내 뜻 이루지 못한 채 죽었으니
지금까지도 원한은 흐르는 강물에 가득하네.
博聞卑牧[2]世誰儔, 臨陣非無決勝謀。
掣肘終然齎志[3]殞, 至今冤恨滿江流。

---

1 申硆(신할, 1548~1592): 본관은 平山. 申砬의 동생이다. 1567년 무과에 급제하여 비변사에 보임된 뒤 1589년 慶尙道左兵使를 지냈다. 1592년 임진

■ 유극량(劉克良, ?~1592)

　본관은 연안(延安), 자는 중무(仲武). 그의 어머니는 재상 홍섬 (洪暹, 1504~1585)의 아버지인 홍언필(洪彦弼, 1476~1549)의 가노 (家奴)였는데, 작은 일 때문에 처벌이 두려워 도망간 양민(良民)과 결혼해 유극량을 낳았다. 당시의 신분 제도에서는 과거에 응시할 수 없는 노비 출신이었으나, 홍섬의 깊은 배려로 노비 신분을 면 제받았고, 무과에 급제하였다. 여러 무관직을 거친 뒤 1591년 전 라좌수사가 되었다.

　1592년 임진왜란이 일어나자 조방장(助防將)으로 임명되어 죽 령(竹嶺)을 방어하다가 패배했다. 이후 군사를 영솔해 방어사 신 할(申硈)의 부장(副將)이 되었다. 이때 김명원(金命元)이 임진(臨 津)에 이르러 여러 장수를 배치하고, 마침 한응인(韓應寅)이 서북

　왜란이 일어나자 咸鏡道兵使가 되어 선조의 몽진을 호위한 공으로 京畿守 禦使兼南兵使에 임명되었다. 이후 都元帥 金命元과 임진강에서 9일 동안 왜적과 대치하다가 都巡察使 韓應寅의 병력을 지원받아 심야에 적진을 기 습하였으나 복병의 공격을 받아 그 자리에서 순절하였다.

2　卑牧(비목): 겸손함을 지킴. 《周易》〈謙卦·初六·象〉의 "겸손한 군자는 몸을 낮추어 자신의 덕을 기른다.(謙謙君子, 卑以自牧也.)"에서 나오는 말이다.

3　齎志(재지): 뜻을 품은 채 결국 이루지 못함.

의 군사 천여 명을 이끌고 가 합류하였다. 이에 적병이 남쪽 연안에 이르러 건너지 못하다가 9일째에 홀연히 물러나 도망가는 모습을 보이며 우리를 꾀어냈다. 신할이 추격하려 하자 죽령(竹嶺)에서 온 부장 유극량이 경거망동하지 말라 하였다. 신할이 군사들의 마음을 꺾는다고 하며 죽이려 하자, 유극량이 어쩔 수 없이 먼저 건너고 신할이 대군을 거느리고 뒤따라 건넜다. 그러나 미처 강을 다 건너기도 전에 적의 복병이 수없이 나타나 공격해옴으로써 좌위장(左衛將) 이천(李薦)이 강 상류에서 패하고, 신할도 난군(亂軍) 중에 전사하였다. 그는 강을 건너 수명의 적을 죽였으나 그도 역시 전사하였다.

37. 원주목사 김제갑(原州牧使金悌甲)

 적이 이미 가까이 쳐들어온다는 소식을 듣고 영원산성으로 들어
가서 미처 방비하기도 전에 원주의 사람이 왜적을 위해 길을 안내
하며 갑자기 들이닥쳐 마침내 해를 입었다. 판서에 증직되었다.

 聞賊已逼, 入鴒原山城[1], 未及備, 州民鄉導猝至, 遂遇害。贈
判書。

 적에게 빌붙은 흉한 백성들을 고을 지경에서 맞이하니
 도리어 천하의 험지인 산성마저 잃어버리고야 말았네.
 장한 마음을 펼치지도 못한 넋 칼날 날리고 있으리니
 응당 원통한 기운이 우성 두성 따라 비스듬히 쏘리라.
 媚賊凶民境上迎, 却教天險失山城。
 壯心未試魂飛鍔, 冤氣應從牛斗橫[2]。

---

1 鴒原山城(영원산성): 강원도 원주시 판부면 금대리에 있는 돌로 쌓은 신라
 시대의 산성.
2 冤氣應從牛斗橫(원기응종두우횡): 牽牛와 北斗의 두 별을 가리키고, 원기
 는 명검에서 나오는 기운을 말함. 吳나라가 망하고 晉나라가 일어날 때 雷煥
 이 豫東 豐城에서 용천검과 태아검을 발견하였는데, 이후 이 검들에서 솟아
 나와 견우성과 북두성 사이를 쏘았던 자색의 不平之氣가 사라졌다고 한
 고사를 활용한 시구이다.

■ 김제갑(金悌甲), 1525~1592)

본관은 안동(安東), 자는 순초(順初), 호는 의재(毅齋). 아버지는 진사 김석(金錫)이며, 어머니 행주기씨(幸州奇氏)는 기형(奇逈)의 딸이다. 기형은 기묘명현 기준(奇遵)의 맏형이고, 기대승(奇大升)의 백부이다. 첫째 부인 파평윤씨(坡平尹氏)는 좌의정 윤개(尹漑)의 딸이며, 둘째 부인 전주이씨(全州李氏)는 진천군(晉川君) 이옥정(李玉貞)의 둘째 딸이다.

1553년 별시 문과에 급제하여 홍문관의 정자, 병조좌랑, 정언을 거쳐 1581년 충청도관찰사를 역임하고, 1583년 우승지가 되었다. 우승지로 있으면서 도승지 박근원(朴謹元) 등과 함께 이이(李珥)·박순(朴淳)을 탄핵하다가 벼슬에서 물러났다.

1592년 임진왜란이 일어났을 때 원주목사로 있었는데, 왜장 삼길성(森吉成: 모리)가 거느린 왜군이 관동지방을 휩쓴 뒤에 원주(原州)를 침공해 오자 영원산성(翎原山城)으로 들어가 방어하였다. 그러나 요새만을 믿고서 따로 대비책을 세우지 않고 방심하였다가, 산성의 허점을 틈탄 왜군의 공격으로 결국 성이 함락되자 부인 이씨, 아들 김시백(金時伯)과 함께 순절하였다.

38. 우승지 류경임의 만시(挽右承旨柳景任)

귀국 도중 병이 생겨 오히려 염려하고 있을 때
달려가 환도하라고 청하는 말이 더욱 슬퍼졌네.
지척에 있는 염주로 술 짊어지고 갔어야 했건만
평소의 정리를 돌이키니 눈물이 괜스레 흐르누나.
途中疾作尙憂時, 馳請還都語更悲。
咫尺鹽州¹負□酒, 幾追平昔涕空垂。

1　鹽州(염주): 황해도 연백 지역의 옛 지명. 고려 초에 불리던 고을명으로 1310
　　년에 延安으로 명칭이 바뀌었다.

▌류몽정(柳夢鼎, 1527~1593)

　　본관은 문화(文化), 자는 경임(景任), 호는 학암(鶴巖). 아버지는 사헌부감찰 류용량(柳用良, 1495~?)이고, 어머니 안동권씨(安東權氏)는 금천현감(衿川縣監) 권련(權戀)의 딸이다. 류몽정은 3남1녀 가운데 셋째 아들이다. 부인 예안김씨(禮安金氏)는 김응천(金應千)의 딸이다.

　　1567년 사마생원 양시에 합격한 뒤 음직으로 현감에 임명되었고, 1574년 별시문과에 급제하였다. 1579년 나주목사, 1581년 영암군수를 거쳐 1587년 성주목사(星州牧使)로 재직하다가 파직 당하기도 하였다. 1592년 승정원 우부승지에 임명되었다.

　　그 뒤 임진왜란이 일어나자 성절사(聖節使)로 명나라에 파견되어 조선의 위급한 상황을 보고하고 구원병을 요청하여 명나라 원병을 끌어오는 데 공을 세웠다. 이듬해 임무를 마치고 귀국 도중 병으로 죽었다.

39. 동지 이요원의 만시(挽同知李饒元)

조정에서의 풍모와 절조가 평소 방정하고 강직하더니
난리를 피한다면서 어떻게 끝내 죽임 당한단 말인가.
사람들이 있는 강토마저 다 없도록 꾀할까 두려우나
죽고 사는 것 운명에 매였거늘 또한 누가 막겠는가.
立朝風節[1]素方剛[2], 避亂如何竟見戕。
恐是人謀有土盡, 死生由命抑誰防。

---

1 風節(풍절): 풍모와 절조.
2 方剛(방강): 방정하고 강직함.

▌이유인(李裕仁, 1533~1592)

본관은 전주(全州), 자는 요원(饒元), 호는 행와(杏窩). 아버지는 이자(李磁)이다. 경녕군(敬寧君) 이비(李裶: 태종의 왕자)의 후손이다. 어머니 광주이씨(廣州李氏)는 홍문관교리 이영부(李英符, 1487~1523)의 딸이다. 첫째 부인은 이경복(李景福)의 딸이며, 둘째 부인은 최응두(崔應斗)의 딸이다. 아들은 1615년 무과에 급제한 이곽(李廓, 1590~1665)이며, 며느리 흥양이씨(興陽李氏)는 이응배(李應培)의 딸이다.

1555년 사마생원 양시에 합격하였고, 1561년 식년문과에 급제하였다. 1563년 예문관겸열이 되었고, 1573년 지평, 장령 등을 거쳐 1584년 사간이 되었으며, 1585년 집의가 되었다. 1589년에는 우승지 1590년에 함경도관찰사를 지냈다. 1591년 가을에 동지사(冬至使)로 주문(奏文)을 가지고 명나라에 가서 다시 왜적의 동태 및 섬라(暹羅)와 유구(琉球)에 통신을 보낸 적이 없는 실상을 알렸다.

1592년 임진왜란이 일어나 양주(楊州)의 선산으로 피란하였다가 적에게 사로잡혔는데, 노복들이 모두 옷을 벗어 주고 목숨을 구걸하도록 권했으나 이를 따르지 않아 해를 입었다.

40. 이조좌랑 구면을 애도하다(悼吏曹佐郎具緜)

지주는 거센 물결에도 홀로 그림자가 외로웠고
하늘의 때, 사람의 일 몇 번이나 길게 탄식했나.
적의 서슬 퍼런 칼날에도 끝까지 절개 지켰으니
만사가 어찌 운명의 유무로 논할 수가 있으리오.
砥柱頹波隻影孤, 天時人事[1]幾長吁。
終罹白刃能全節, 萬事何論命有無。

---

1 天時人事(천시인사): 천시는 하늘로부터 받은 좋은 때이고, 인사는 사람으
   로서 해야 할 일.

▌구면(具葂, 1558~1592)

본관은 능성(綾城), 자는 공진(公進), 호는 초당(草堂). 아버지는 구순(具淳, 1507~1551)의 넷째 아들로 구심(具深, 1528~?)에 양자가 된 구사중(具思仲, 1535~?)이고, 어머니 창녕조씨(昌寧曺氏)는 조세기(曺世器)의 딸이다. 부인 전주이씨(全州李氏)는 효령대군의 증손자인 수사(水使) 이흠례(李欽禮, 1523~1585)의 딸이다. 구사맹(具思孟, 1531~1604)의 친조카이며, 한백겸(韓伯謙)과는 처남매부 사이다.

1583년 별시문과에 급제, 1589년 예문관검열이 되었다. 1591년 이조좌랑(吏曹佐郎)과 사과(司果)로 있다가 정철(鄭澈)의 당으로 연좌되어 유배되었다.

1592년 임진왜란이 발발하자 낭천(狼川: 강원도 화천군 일대) 산골짜기로 피란하였는데, 적을 만나 굽히지 않다가 죽었다.

41. 양도 순변사를 겸한 신립(兼兩道巡邊使申砬)

임금이 수레 밀어주던 초기에 사방의 교외를 넓혔으니
어찌 어명이 끝내 헛되이 버려질 것을 알았으랴.
예전부터 흔히 계략 이용해 대적하여 승부내기 어려우니
험한 곳 차지하면 난공불락의 요새지 아닌 곳이 없었네.
推轂¹初期廓四郊², 豈知恩命³竟虛抛。
古來常勝難謀敵⁴, 據險非無百二⁵崤⁶。

---

1 推轂(추곡): 사람을 천거함. 수레의 바퀴를 민다는 뜻으로, 옛날 임금이 장수를 보낼 때 몸소 수레를 밀어주던 고사에서 유래하였다.
2 四郊(사교): 도성의 동서남북 사방의 교외.
3 恩命(은명): 임금이 내리는 명령. 주로 관직 임용이나 죄를 사한다는 명령을 칭할 때 사용된다.
4 謀敵(모적): 계략을 이용해 대적함.
5 百二(백이): 방어가 튼튼하여 적의 지세보다 백배나 유리한 지세를 나타내는 말. 옛날 秦나라 땅이 險固하여 2만 인으로 제후의 백만 군대를 막을 수 있다.(得百二焉.)는 말에서 비롯된 것이다.
6 崤(효): 崤山. 중국 하남성에 있는 산 이름으로 고대의 군사 요지.

■ 신립(申砬, 1546~1592)

　본관은 평산(平山), 자는 입지(立之). 아버지는 생원 신화국(申華國, 1517~1578)이며, 어머니 파평윤씨(坡平尹氏)는 돈녕부첨정 윤회정(尹懷貞)의 딸이다. 그 사이에서 셋째 아들로 태어났다. 첫째 부인 전주이씨(全州李氏)는 현감 이담명(李聃命)의 딸이며, 둘째 부인 전주최씨(全州崔氏)는 최필신(崔弼臣)의 딸이다. 전주최씨와의 사이에서 첫째 아들 신경진(申景禛, 1575~1643), 둘째 아들 신경유(申景裕, 1581~1633), 셋째 아들 신경인(申景禋, 1590~1643), 선조(宣祖)의 4남 신성군(信城君) 이후(李珝, 1579~1592)에게 시집간 딸, 이이첨(李爾瞻, 1560~1623)의 차남 이대엽(李大燁, 1587~1623)에게 시집간 딸이 있다. 구사맹(具思孟, 1531~1604)과는 처남매부 사이다.

　1567년 무과에 급제하여 선전관·도총관·도사(都事)·경력(經歷) 등의 벼슬을 거쳐, 외직인 진주판관(晉州判官)으로 나갔다. 1583년 온성부사(穩城府使)가 되어 북변에 침입해온 이탕개(尼蕩介)를 격퇴하고 두만강을 건너가 야인(野人)의 소굴을 소탕하고 개선하여 1584년 함경북도병마절도사에 올랐다. 1590년 평안도병마절도사가 되었다가 이듬해 한성부판윤(漢城府判尹)이 되었다.

1592년 임진왜란이 일어나자, 조정에서 이일(李鎰)을 순변사로 삼아 상주로 내려가 적을 막도록 하고, 신립을 삼도도순변사(三道都巡邊使)로 삼아 이일의 군사를 응원하게 하였다. 소서행장(小西行長)의 부대가 공격해 오자, 충주(忠州) 달천강(㺚川江) 탄금대(彈琴臺)에서 배수진을 치며 왜군과 분투하다 패배하여 부하 김여물(金汝岉)·박안민(朴安民) 등과 강물에 투신 자결했다.

42. 방어사 신할(防禦使申硈)

어린 나이에 특별 발탁되어 임금의 은덕 깊이 받았으니
보답하기를 늘 기약하다가 나라 위해 붉은 충정 다했네.
단지 고비에 처하여 기습공격과 정공법이 애매하였으나
군대가 퇴각하여 죽었으니 응당 초심 저버리지 않았네.
少年超擢[1]受恩深, 報答常期盡赤忱。
只是臨幾昧奇正[2], 死綏[3]應不負初心。

---

1 超擢(초탁): 벼슬의 품계를 뛰어넘어서 높은 자리에 뽑아 씀. 정상적인 순서
를 뛰어 넘어 발탁하는 것이다.
2 奇正(기정): 側面에서 불의에 공격하는 奇兵과 정면에서 공격하는 正兵의
合稱. 전쟁이란 원칙에 입각하여 적을 대하고 기이한 변칙으로 움직여야
승리한다고 여기는 데서 나온 말이다.
3 死綏(사수): 군대가 퇴각하면 장군이 그 책임을 지고 죽는 것. 《春秋左氏傳》
文公 20년의 '司馬法에 장군은 수레에 오르는 끈을 잡고 죽는다.(將軍死
綏.)'에서 유래한 말이다.

▋신할(申硈, 1548~1592)

　본관은 평산(平山), 자는 중견(仲堅). 아버지는 생원 신화국(申華國, 1517~1578)이며, 어머니 파평윤씨(坡平尹氏)는 돈녕부첨정 윤회정(尹懷貞)의 딸이다, 그 사이에서 넷째 아들로 태어났다. 신립(申砬)의 동생이다. 구사맹(具思孟, 1531~1604)과는 처남매부 사이다. 부인 연안김씨(延安金氏)는 김축(金軸)의 딸이다. 아들 신경휘(申景徽, 1579~1646)와 파평윤씨(坡平尹氏) 윤길(尹趌)에게 시집 간 딸이 있다.

　1567년 무과에 급제하여 비변사에 보임된 뒤, 1583년 무과에 급제하였다. 1589년 경상도좌병사(慶尙道左兵使)를 지냈다.

　1592년 임진왜란이 일어나자 함경도병사(咸鏡道兵使)가 되어 선조의 몽진을 호위한 공으로 경기수어사 겸 남병사(京畿守禦使 兼南兵使)에 임명되었다. 그 뒤에 막하의 유극량(劉克良)·이빈(李贇)·이천(李薦)·변기(邊機)를 아장(亞將)으로 삼고, 도원수(都元帥) 김명원(金命元)과 함께 임진강(臨津江)에서 9일 동안 왜적과 대치하다가 도순찰사(都巡察使) 한응인(韓應寅)의 병력을 지원받아 심야에 적진을 기습하였으나 복병의 공격을 받아 그 자리에서 순절하였다.

43. 증병조판서 거제현령 김준민
   (巨濟縣令贈兵曹判書金俊民)

처음부터 끝까지 힘을 다하여 싸워서 적을 죽이거나 사로잡은
공이 많았으나 진주에서 전사하였다.

終始力戰, 多斬獲之功, 死於晉州。

소나무 대나무 본디 날씨가 추워진 뒤에야 더욱 굳세니
호방한 담력으로 몸을 돌보지 않고 적진을 격파하였네.
옛적의 관우와 장비처럼 전공을 미처 다하지 못하였으니
장하게 죽은 넋은 여전히 진주성에서 슬프게 울고 있네.

松筠本自歲寒劼, 斗膽[4]身輕研賊營。

終古關張[5]功未畢, 壯魂猶哭晉陽城。

---

4 斗膽(두담): 담이 매우 큼을 이르는 말. 삼국시대 蜀나라 장수 姜維가 죽었
   을 때 보니 담의 크기가 말통만 하였다는 데서 온 말이다.

5 關張(관장): 關羽와 張飛. 관우는 적벽전에서 많은 공을 세웠으나 조조와
   손권의 협공을 당한데다 徐晃의 군대에 패해 樊城에서 麥城으로 퇴각했지
   만 끝내 아들 關平과 함께 손권의 군대에 붙잡혀 참수된 인물이다. 장비는
   숱한 전투를 승리로 이끌어 촉한 건국에 이바지했으나 유비가 형주에서 죽음
   을 당한 관우의 복수를 위하여 吳나라 東征을 명했는데 종군할 준비를 하던
   중 술에 취해 잠이 들었을 때, 자신의 부하였던 장달과 범강에게 암살되었다.

■ 김준민(金俊民, ?~1593)

　본관은 상산(商山), 자는 성인(成仁). 할아버지는 김녹돈(金祿敦)이고, 아버지는 통덕랑(通德郎) 김번(金藩)이다. 부인 진주강씨(晋州姜氏)는 강희만(姜希晩)의 딸이다.

　1583년 북병사 이제신(李濟臣)의 지휘에 따라 온성부사 신립(申砬), 부령부사 장의현(張義賢), 첨사 신상절(申尙節)과 군관 김우추(金遇秋)·이종인(李宗仁) 등과 함께 금득탄(金得灘)·안두리(安豆里)·자중도(者中島)·마전오(麻田塢)·상가암(尙加巖)·우을기(于乙其)·거여읍(車汝邑)·포다통(浦多通)·개동(介洞) 등 여러 여진 부족을 소탕하였다.

　1592년 거제현령으로 일본군의 공격을 막아냈지만, 이후 순찰사 김수(金睟)가 근왕(勤王)을 이유로 소환(召還)되자 김준민도 곧 성을 나간 뒤에 거제 고현성이 무너졌다. 1592년 10월 경상우도 관찰사 김성일(金誠一)은 진주가 위급하다는 소식을 접하고, 경상우도와 전라도 의병장들에게 진주성을 방어할 것을 명령하였다. 이때 김준민은 합천가장(陜川假將)으로 북쪽으로 진주성에 진입하는 임무를 부여받았다. 그는 결사대 80명을 거느리고 단계현(丹溪縣)에 도착하였는데, 왜군은 관사(官舍)를 불사르고 있

었다. 그가 돌격하여 20여 리를 추격하자, 왜군은 흩어져 퇴각하
였다. 1593년 제2차 진주성(晉州城) 싸움에서 거제현령 김준민도
김해부사 이종인 등과 함께 목사 서예원(徐禮元)과 수비책을 논의
하고 악전분투하였지만 전사하였다.

44. 김해부사 이종인(金海府使李宗仁)

키 작은 젊은이가 말 길들이는 재주로 사람들 칭했었고
산 무너뜨리고 바다를 뒤집을 힘은 적을 돌이킬 만하네.
영웅이 이기고 지는 것이야 늘 있어온 일이거니와
천년토록 영웅다운 이름 만인의 입에 우레같이 전하네.
小少[1]人稱泛駕[2]才, 崩山翻海力堪廻。
英雄成敗由來事, 千載雄名萬口雷。

---

1 小少(소소): 키가 작고 나이가 젊음.
2 泛駕(범가): 말을 길들여 자유자재로 부림.

■ 이종인(李宗仁, ?~1593)

　본관은 개성(開城), 자는 인언(仁彦), 호는 운호제(雲湖霽). 아버지는 병사(兵使) 이무형(李武亨)이며, 어머니는 정선전씨(旌善全氏)이다.

　1583년 북병사(北兵使) 이제신(李濟臣) 휘하의 군관으로 있으면서 조선을 배반한 금득탄(金得灘)·우을기거(于乙其車) 등 여러 여진 부족을 소탕하는 데 참여하였다.

　1592년 임진왜란이 일어나자 경상우병사 김성일(金誠一) 휘하의 군관으로 경상우도의 상황을 점검하던 왜군 척후병을 사살하였다. 1593년 김해부사(金海府使)에 제수되어 그해 6월 제2차 진주성전투(晉州城戰鬪) 때, 진주성에 들어가 김천일(金千鎰)·최경회(崔慶會) 등과 함께 왜군을 다수 사살하는 등 전과를 올렸으나 진주성이 적에게 함락되어 전사하였다.

45. 공조좌랑 양산숙(工曹佐郎梁山璹)

김천일의 종사관으로서 의주에 이르러 상소했는데, 주상은 두 번이나 불러 면대하니 그의 말들이 매우 격렬하고 간절하자 술을 하사하여 위로하며 타이르고 공조 좌랑에 발탁하여 제수하였다. 의병진으로 돌아와 진주에서 죽었다.

以金千鎰從事官, 詣義州上疏, 再承引對, 所言激切, 賜酒慰諭, 擢授佐郎。還鎭死晉州。

서생의 충의와 분노 행궁에 깊은 감동 주었을지라도
칼 한 자루의 임무로 은혜 갚으니 자주 눈물 흘렸네.
중흥의 공업이야말로 누구의 은덕인지를 알았겠지만
기러기 깃털 같은 목숨 제때 만나지 못하니 어이하랴.

書生忠憤動楓宸[1], 一劍酬恩[2]灑泣頻。
中興功業知誰力, 性命鴻毛奈不辰[3]。

---

1 楓宸(풍신): 조정. 대궐. 漢나라에서 대궐 안에 단풍나무를 많이 심었기에 하는 말이다.
2 酬恩(수은): 은혜를 갚음.
3 不辰(부진): 제때를 만나지 못함.

■ 양산숙(梁山璹, 1561~1593)

본관은 제주(濟州), 자는 회원(會元), 호는 반계(蟠溪). 할아버지는 홍문관교리(弘文館校理) 기묘명현(己卯名賢) 양팽손(梁彭孫, 1488~1545)이고, 아버지는 대사성(大司成) 양응정(梁應鼎, 1519~ 1581)이다. 양응정의 첫째 부인 조양임씨(兆陽林氏)는 찰방 임숭두(林崇杜)의 딸이며, 둘째 부인 죽산박씨(竹山朴氏)는 판관(判官) 박중윤(朴仲允)의 딸이다. 조양임씨는 1남을 두었고, 죽산박씨는 3남3녀를 두었으며, 측실 소생으로 양희지(梁希志)가 있다. 양산숙은 죽산박씨의 소생이다. 부인 광산이씨(光山李氏)는 교수(敎授) 이의정(李義貞)의 딸이다.

1589년 12월에 조헌(趙憲), 김광운(金光運) 등과 함께 당시 집정자들을 비판하는 소를 올렸다.

1592년 임진왜란이 일어나자 형 양산룡(梁山龍)과 함께 격문을 돌려 나주에서 창의했는데, 김천일(金千鎰)을 맹주로 삼아 그는 부장이 되고 형은 운량장(運糧將)이 되었다. 그 뒤 김천일과 함께 북상하고, 수원(水原)에 출진해 활약하였다. 강화도(江華島)로 의병진을 옮길 무렵, 곽현(郭賢)과 함께 주장의 밀서를 가지고 해로의 샛길을 따라 낮에는 숨어 있고 밤에만 움직이면서 의주의 행궁(行宮)에 도착하여 선조(宣祖)에게 호남·영남의 정세와 의병의 활동을 자세히 보고하였다. 당시 왜적이 중외에 가득하여 도로가 막혀 행재소의 명령이 남쪽 지방으로 전달되지 못한 지 오래되었는데, 양산숙의 보고를 가상히 여겼다. 그 공으로 공조좌랑에 제수되었다. 돌아올 때 영남·호남에 보내는 교서(敎書)를 받아서 남도에 하달하였다.

1593년 왜군이 영남으로 퇴각하자 김천일과 함께 왜군의 뒤를 쫓아 진주성에 들어갔으나, 왜군에 의해 진주(晉州)가 포위되고 격전 끝에 진주성이 함락되자 김천일, 최경회, 고종후 등과 함께 진주 남강(南江)에 투신하여 순절하였다.

46. 경상우도 병마우후 성영건
(慶尙右道兵馬虞候成永健)[1]

못된 고래들이 파도 일으키며 날뛰는 형세인데도
용기 북돋우며 맨 먼저 외적 물리치려 생각하네.
맨 주먹으로 적의 칼날 무릅쓰며 우리 뜻 이루려니
승패를 어찌 모름지기 저 하늘에 물어야 하겠는가.

鯨鯢[2]鼓浪勢跳梁, 賈勇[3]先登[4]擬一攘。

空拳冒刃酬吾志, 成敗何須問彼蒼[5]。

---

1 成永健(성영건): 成永達(성영달, ?~1592)의 오기.

2 鯨鯢(경예): 고래의 수컷과 암컷을 가리키는 말. 小國을 병탄하려는 흉악무
   도한 자를 뜻한다.

3 賈勇(고용): 용기를 북돋움. 남에게 용기를 발휘하게 함.

4 先登(선등): 다른 사람보다 앞장서서 성 위에 올라가 적을 공격함.

5 彼蒼(피창): 저 넓은 하늘. 가슴속 번뇌를 하늘에 호소할 때 하는 말이다.

■ 성영달(成永達, ?~1592)

원전의 성영건(成永健)은 성영달(成永達, ?~1592)의 오기. 본관은 창녕(昌寧). 할아버지는 선교랑(宣敎郞) 성세거(成世琚, 생몰년 미상)이다. 아버지는 1534년 사마시에 합격한 성열(成悅)이며, 어머니 분성배씨(盆城裵氏)는 배경진(裵景震)의 딸이다.《창녕성씨 정절공후통덕랑공파세보(昌寧成氏貞節公後通德郞公派世譜)》에 의하면, 이 두 사람의 사이에는 아들 성우경(成宇慶)과 선산김씨 김취중(金就中)에게 시집간 딸만 등재되어 있지만, 성영달의 인적 사항이 등재되어 있지 않다.

1592년 임진왜란 당시, 경상우도병마우후(慶尙右道兵馬虞候)로 참전하여 많은 공을 세웠다. 그해 10월에 있었던 1차 진주성 싸움에서 동생 성흔(成忻)의 아들인 조카 진주판관 성수경(成守慶)과 함께 전사하였다.

47. 참의 이곽의 만시(李參議磈挽)

언제나 조정의 반열에서 헌출한 풍모 보였으니
붕정 구만 리 같은 벼슬길을 뭇사람 기대하였네.
이 사람이 이런 병에 걸리다니 운명이란 말인가
인재 죽어 조정과 민간이 모두 탄식해 슬퍼하네.
每於鴛鷺¹見風姿, 九萬鵬程²衆所期。
命矣斯人遘斯疾³, 人亡朝野共嗟悲。

---

1 鴛鷺(원로): 원추새와 백로. 이 두 새의 儀容이 한아하여 조정에 늘어선
   백관의 질서정연함에 비유한다. 곧 조정의 관원을 가리킨다.
2 九萬鵬程(구만붕정): 벼슬길에 높이 올라 원대한 포부를 한껏 펼침. 곧 전도
   가 지극히 양양한 장래를 가리킨다.
3 命矣斯人遘斯疾(명의사인구사질):《論語》〈雍也篇〉의 "죽어가는구나, 운
   명이란 말인가. 이 사람이 이런 병에 걸리다니, 이 사람이 이런 병에 걸리다
   니.(亡之, 命矣夫. 斯人也而有斯疾也, 斯人也而有斯疾也.)"에서 나온 말.

■ 이괵(李碅, 1551~1594)

　본관은 광주(廣州), 자는 여진(汝震), 봉호는 한천군(漢川君). 할아버지는 음죽현감(陰竹縣監) 이강(李綱, 1479~1523)이다. 아버지는 충의위(忠義衛) 이준의(李遵義)이며, 어머니 여흥민씨(驪興閔氏)는 민수천(閔壽千)의 딸이다. 형은 이립(李砬, 1546~?)이다. 부인은 박원(朴源)의 딸이다.

　1576년 생원시에 장원으로 급제하고, 같은 해 진사시에도 합격하였다. 1583년 별시문과에 급제하여 홍문관정자(弘文館正字)를 거쳐 선조(宣祖)의 사부(師傅)를 지냈다.

　1592년 임진왜란 때 부제학으로서 선조(宣祖)를 호종하면서 명나라의 이여송(李如松) 제독을 접대하기도 하였다. 이조참의를 역임하였다.

　이괵의 졸년이 1592년으로 된 자료들이 많으나,《선조실록》 1593년 8월 16일 3번째 기사와 구사맹(具思孟)의《난후조망록(亂後吊亡錄)》에 "기질이 침착하고 진중한 데다 주장하는 것이 또한 공평하였다. 처음부터 끝까지 대가를 호종하다가 도성으로 돌아와 병들어 죽었다.(氣質沈重, 持論亦平. 終始扈從, 還都病卒.)"라고 한 것,《국조문과방목(國朝文科榜目)》(규장각한국학연구원: 奎106) 등에 의하면, 졸년은 1594년이라야 할 것이다.

48. 판서 심공직의 만시(沈判書公直挽)

대대로 돈독한 충성과 정절 뭇사람이 아는 바이니
사직이 뒤집히는 위험한 이때 붙들어 세우려 했네.
기무를 담당하였지만 사람들의 비방이 뒤따랐으니
온 마음을 다해 그렇게 절로 할 수 있도록 했으랴.
世篤忠貞衆所知, 顚危此日擬扶持。
擔當機務從人謗, 罄竭[1]心肝盡自爲。

사직을 세우는 중흥을 응당 다시 보아야 했지만
덧없는 인생의 온갖 일들을 어찌 사전에 바라랴.
죽은 뒤에야 그만둘지니 끝내 무슨 유감 있으랴만
한 곡조의 애절한 노랫소리에 눈물이 절로 흐르네.
大業中興應復覯, 浮生萬事奈前期。
死而後已[2]終何憾, 一曲哀歌涕自垂。

---

1 罄竭(경갈): 돈이나 물건 따위가 다 없어짐.
2 死而後已(사이후이): 죽은 뒤에야 일을 그만둔다는 뜻으로, 살아 있는 한
   그만두지 않는다는 말. 諸葛亮이 지은 〈出師表〉의 "삼가 공경스럽게 몸을
   바쳐 수고로움을 다할지니 다만 죽은 후에야 그칠 것입니다.(鞠窮盡瘁, 死
   而後已.)"에서 나오는 말이다.

■ 심충겸(沈忠謙, 1545~1594)

　본관은 청송(靑松), 자는 공직(公直), 호는 사양당(四養堂). 아버지는 청릉부원군(靑陵府院君) 심강(沈鋼, 1514~1567)이며, 어머니 전주이씨(全州李氏, 1511~1559)는 효령대군(孝寧大君)의 후손인 전성군(全城君) 이대(李薱, 1488~1543)의 딸이다. 그 사이에서 여섯째 아들로 태어났다. 부인 전주이씨(全州李氏)는 중종(中宗)의 7남 봉성군(鳳城君) 이완(李岏)의 딸이다. 서인의 영수인 심의겸(沈義謙, 1535~1587)의 동생이며, 명종비(明宗妃) 인순왕후(仁順王后)의 동생이다.

　1564년 사마시에 합격하고, 1572년 친시문과에 장원으로 급제하여 성균관전적으로 등용되었다. 호조·예조·병조의 좌랑을 거쳐 사간원정언·홍문관수찬·성균관직강·병조정랑·사헌부지평·홍문관교리 등을 지내고 예조좌랑이 되었다. 1575년 이조정랑에 천거되었으나 김효원(金孝元)의 반대로 등용되지 못하고, 동서당쟁이 더욱 심화되는 계기가 되었다. 1578년에 헌납(獻納)이 되고 이어서 첨정(僉正)·사예(司藝)·예빈시 부정(禮賓寺副正)이 되었다. 1582년 춘천 부사, 1584년 군자시(軍資寺)·내섬시(內贍寺)의 정(正), 1588년 여주목사·호조참의·병조참지, 1590년 대사간·형조참의, 이듬해 형조참판을 거쳐 부제학이 되었다.

1592년 임진왜란이 일어나자 병조참판(兵曹參判) 겸 비변사제조(備邊司提調)가 되어 선조(宣祖)를 평양(平壤)까지 호종했고, 이어서 분조(分朝)를 설치한 세자(世子: 광해군) 호위의 명을 받아 성천(成川)에서 세자를 받들고 왜적 방비에 힘썼다. 1593년 호조와 병조의 참판으로 세자시강원우빈객(世子侍講院右賓客)을 겸직하고 군량미 조달에 공헌했으며, 1594년 병조판서에 특진되었다. 곧 병사하였다.

49. 송당 유상국의 만시(松塘兪相國挽)

젊은 나이에 명성과 영광은 동료들까지 압도했고
나이 들며 세운 큰 공로는 밝은 시대 으뜸이었네.
관대함과 소탈함만으로도 참된 즐거움 온전했으련만
기꺼이 기관들을 만들어서 젊은 날의 기대 저버렸네.
妙歲聲輝[1]照等夷[2], 晚來勳業冠明時。
唯將坦率[3]全眞樂, 肯作機關負夙期。

나라에 한 마음으로 몸 바칠 때를 응당 기다리더니
위태로운 사직 붙잡느라 양쪽 귀밑털 더 희끗해졌네.
먼저 세상 떠나 중흥하고 융성한 것 보지 못하지만
그럼에도 아름다운 이름이 남아 영원히 드리우리라.
許國一心應指日, 持危雙鬢更添絲。
溘先[4]不見中興盛, 猶有芳名永世垂。

1　聲輝(성휘): 명성과 영광.
2　等夷(등이): 나이나 신분이 비슷하여 친하게 지내는 사람.
3　坦率(탄솔): 성품이 너그럽고 대범함.
4　溘先(합선): 溘先朝露.

▌유홍(兪泓, 1524~1594)

　본관은 기계(杞溪), 자는 지숙(止叔), 호는 송당(松塘). 첨지중추
부사(僉知中樞府事) 유기창(兪起昌)의 증손으로, 할아버지는 판서
유여림(兪汝霖, 1476~1538)이다. 아버지는 생원 유관(兪綰, 1499~
1533)이며, 어머니 의령남씨(宜寧南氏)는 추강 남효온(南孝溫)의
아들인 남충세(南忠世)의 딸이다. 유홍의 첫째 부인 광주이씨(廣州
李氏)는 교리 이준인(李遵仁)의 딸로 3남1녀를 두었으며, 둘째 부
인 강릉김씨(江陵金氏)는 현령 김광열(金光悅)의 딸로 1남1녀를 두
었다.

　1549년 사마시에 합격하고 1553년 별시문과에 급제하고서 승
문원정자·전적(典籍)·지제교(知製敎)·지평(持平)·장령(掌令)·집
의(執義) 등 문관 요직을 역임하였다. 1557년 강원도 암행어사로
나가 민심을 수습하고, 1563년 권신 이량(李樑)의 횡포를 탄핵하
였다. 1565년 문정왕후(文定王后) 상사(喪事) 때에는 산릉도감(山
陵都監)으로 치산의 일을 맡았고, 그 뒤로 춘천부사가 되었다.
1573년 함경도병마절도사로 회령부사를 겸했고, 그 뒤 개성부유
수를 거쳐 충청·전라·경상·함경·평안도의 관찰사와 한성판윤
등을 역임했다. 1587년 명나라에 사신으로 가서 이성계가 고려의

권신 이인임(李仁任)의 아들로 잘못된 것을 바로잡는 종계변무(宗系辨誣)를 하였으며, 1589년 좌찬성으로서 판의금부사(判義禁府事)를 겸해 정여립(鄭汝立)의 역옥(逆獄)을 다스렸다. 1590년 기성부원군(杞城府院君)에 봉해졌으며, 이조판서·우의정에 올랐다.

1592년 임진왜란 때 선조(宣祖)가 평양(平壤)을 떠나 영변부(寧邊府)로 향할 때 호종했고, 그해 6월 강원도에서 세자(世子: 광해군)와 함께 종묘사직의 신위를 모시고 동북 방면으로 가 도체찰사를 겸임하였다. 그리고 경기도 이천(利川)에서 격문을 여러 도로 보내 각 도의 의병들을 격려 지휘해 방어태세를 갖추었다. 1593년 환도하여 수성대장(守城大將)이 되어 백성들을 구호하는 등 민심을 수습하였다. 1594년 좌의정으로서 해주에 있는 왕비를 호종하다가 객사하였다.

50. 참봉 나의의 만시(參奉羅扆挽)

뜻 크고 기개 있는 고매한 인재는 본디 매이지 않으니
평소에 스스로 제왕의 스승을 할 만한 일이라고 여겼네.
부질없이 장한 기개를 땅속에 묻히도록 하고 말았으니
늦게 죽는 사람은 포숙아의 지기에 참으로 부끄러워라.
倜儻[1]高才本不羈, 平生自許帝王師。
空令意氣埋泉壤, 後死多慙鮑叔[2]知。

---

1 倜儻(척당): 뜻이 크고 기개가 있음.
2 鮑叔(포숙): 춘추시대 齊나라 정치가이자 사상가. 管鮑之交로 유명하다.
   포숙아는 제환공에게 제환공을 죽이려 했던 관중을 천거하였고, 제환공은
   관중의 도움으로 춘추오패의 첫번째 패자가 되었는데, 관중은 포숙아에 대
   해 "나를 낳아준 사람은 부모지만, 나를 알아준 사람은 포숙이다"라고 찬탄
   한 바 있다.

■ 나의(羅**展**, 생몰년 미상)

　본관은 나주(羅州), 자는 사찬(士燦), 호는 행음(杏陰). 증조부는
나보중(羅甫重)이고, 할아버지는 승문원교리 나안세(羅安世, 1475~
1527)이다. 아버지는 남평현감(南平縣監)과 청주판관(淸州判官)을
지낸 행정(杏亭) 나응허(羅應虛, 1502~?)이다. 나응허의 첫째 부인
안동김씨(安東金氏)는 김응상(金應商)의 딸이자 군수 송인(宋寅)의
외손녀로 1남 1녀를 두었으며, 둘째 부인 고부이씨(古阜李氏)는
연안부사와 충청관찰사를 지낸 이향집(李享楫)의 딸로 4남을 두었
다. 나응허의 자녀로는 나경(羅褧)·나의(羅**展**)·나곤(羅衮)·나습
(羅襲)·나예(羅裔)·나포(羅褒)·나부(羅裒)·나무(羅裦) 등 7남과, 이
윤문(李胤文)·류승종(柳承宗)·김방(金芳)에게 시집간 3녀가 있다.
이 가운데 나의는 둘째 아들인데, 이씨의 소생으로는 첫째 아들로
태어났다. 부인 문화류씨(文化柳氏)는 시강원 습독(侍講院習讀) 류
경유(柳景裕)의 딸이고 헌납 밀양박씨(密陽朴氏) 박세유(朴世維)의
외손녀이다.

　아버지가 경성에서 벼슬살이를 하는 동안 숙부 구산처사(龜山
處士) 나응삼(羅應參, 1505~1568)의 보살핌을 받았다. 관직은 경
릉(敬陵)과 공릉(恭陵) 참봉을 지냈다.

나의는 6세 때 어머니가 병이 들자, 매일 여러 차례 그의 머리를 어머니의 머리에 대곤 하니, 그 까닭을 묻자 "어머니 머리에 이가 많으니 이를 내 머리에 나누어지면 어머니 머리 이가 적어진다."라고 하였다. 또 어머니가 책 읽는 것을 좋아하셨는데, 시묘(侍墓)살이를 하면서 매일 《소학(小學)》·《효경(孝經)》을 읽어 드렸다고 한다. 이로 인하여 선조조(宣祖朝)에 효자(孝子)로 천계(薦啓)되었다.

찾아보기

난후도망록

亂後悼亡錄

영인 자료

《藥圃遺稿》 권3, 1727년, 한국고전번역원

여기서부터는 影印本을 인쇄한 부분으로 맨 뒷 페이지부터 보십시오.

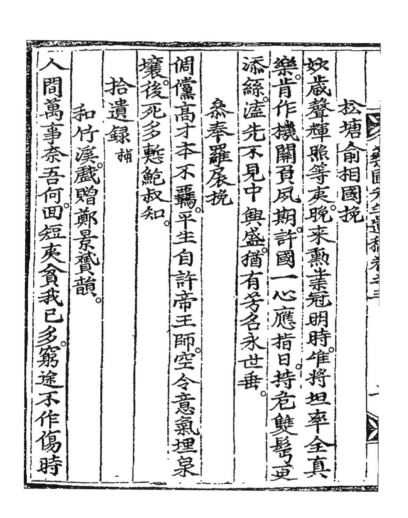

松塘俞相國挽

妖氛聲輝等夷晚来勳業冠明時雖將坦率全真
樂肯作機關負風期許國一心應指日持危雙鬢更
添絲遽先不見中興盛摘有芳名永世垂

桑奉羅展挽

倜儻高才本不羈平生自許帝王師空令意氣埋泉
壤後死多慙鮑叔知

拾遺錄補

和竹溪戲贈鄭景賁韻

人間萬事奈吾何回短夷貪我已多窮途不作傷時

20

慶尚右道兵馬虞候成永健

鯨鯢鼓浪勢跳梁賈勇先登擬一攘空拳冒刃酬吾
志成敗何須問彼余名。

李宗義碩挽

每於鷄鷟見風姿九萬鵬程衆所期命矣斯人遭斯
疾人亡朝野共嗟悲。

沈判書公直挽

世篤忠貞衆所知顔色此日擬扶持擔當撫務從人
諛蓍竭心肝盡自為大業中興應復覩浮生萬事奈
前期死而後已終何憾一曲哀歌涕自垂。

松筍本自歲寒敦半膽身輕斫賊營。終古關張切奈

畢壯魂猶笑晉陽城。

金海府使李宗仁

小少人稱泛駕才崩山翻海力堪迴英雄成敗由來

事千載雄名萬口雷。

工曹佐郎梁山璹

以金千鑑從事官詰義州上疏再承　引對

所言激切賜酒慰諭擢授佐郎還鎮晉州

書生忠憤動楓宸一劍馴恩洒泣頻中興功業知誰

力性命鴻毛奈不辰。

18

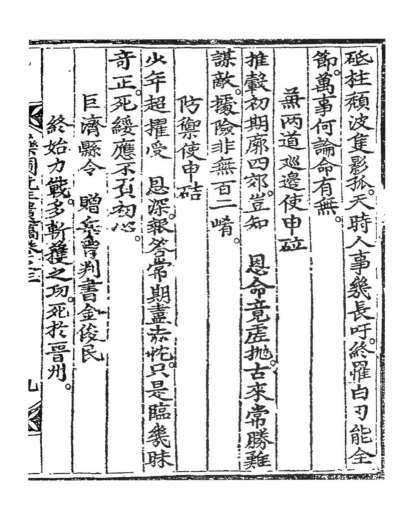

砥柱頹波隻影孤。天時人事豈長呼。終羈白刃能全

節萬事何論命有無。

兼兩道巡邊使申砬

恩命竟虛抛古來常勝難

推轂初期廓四郊豈知

謀敵援險非無百二嶢。

防禦使申硈

恩深報答常期盡赤忱只是臨義昧

少年超擢受

奇正死綏應不負初心。

巨濟縣令　贈兵曹判書金俊民

終始力戰多斬獲之功。死於晉州。

17

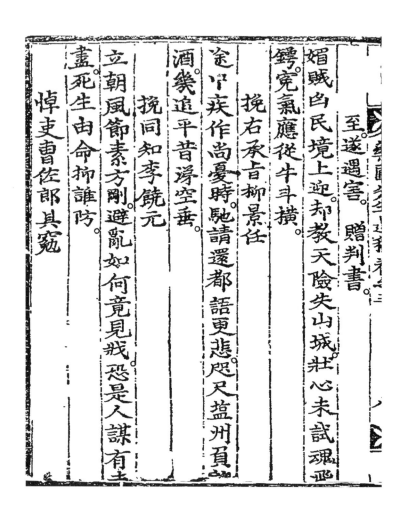

媚賊凶民境上迎。却教天險失山城。壯心未試魂

鋘寃氣應從牛斗橫。

至遂遇害。贈判書。

　挽右承吉柳景任

途中疾作尚憂時。馳請還都語更悲。咫尺鹽州頁

酒纔追平昔逕空垂。

　挽同知李竧元

立朝風節素方剛避亂如何竟見戕恐是人謀有

盡死生由命抑誰防。

　悼吏曹佐郎其竁

忠義堂激兩湖干生志節雄萬夫甘心舍命終焉

媿爾作偷生一腐儒。

助防將劉克良

臨津之戰克良知事不成欲退主將申砬呼

曰良亦走乎曰然則老夫當死於此遂同進

力戰射發甚衆竟遇害。

傳聞甲牧世誰傳臨陣非無決勝謀判府終然齎志

殞至今寃恨滿江流。

原州牧使金悌甲

聞賊已逼入翎原山城未及備州民鄉導捽

15

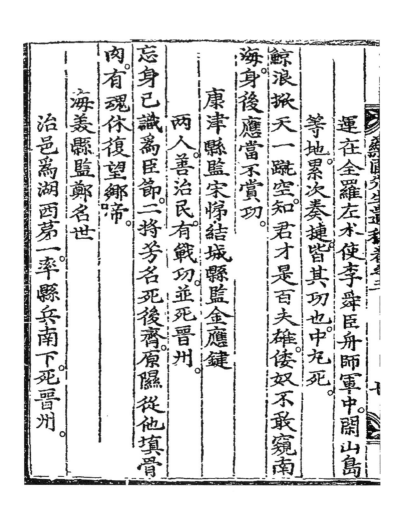

運在全羅左水使李舜臣舟師軍中閑山島

等地累次奏捷皆其功也中九死。

鯨浪坡天一蹴空知君才是百夫雄倭奴不敢窺南

海身後應當不賞功。

　康津縣監宋悌結城縣監金應鍵

兩人善治民有戰功並死晋州。

忘身已識爲臣節二將芳名死後齊原隰從他塡骨

肉有魂休復望鄕啼。

　海羹縣監鄭名世

治邑爲湖西茅一率縣兵南下死晋州。

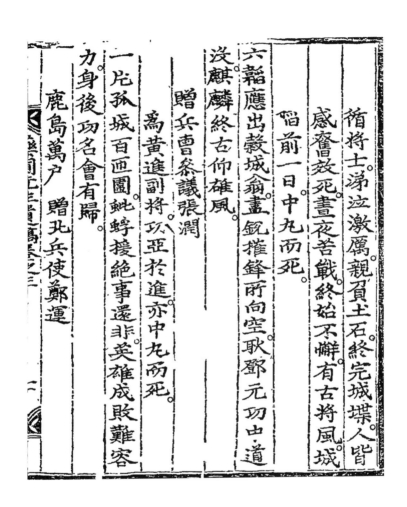

裨將士涕泣激厲親負土石終完城堞人皆

感奮效死晝夜苦戰終始不懈有古將風城

陷前一日中丸而死

六韜應出轂城翁盡銃槍鋒所向空耿鄧元勳由,道

没麟終古仰雄風

贈兵曹叅議張潤

為黃進副將玠亞於進亦中丸而死

一片孤城百面圍蚍蜉撼絕事還非英雄成敗難容

力身後功名會有歸

鹿島萬戶　贈兆兵使鄭運

13

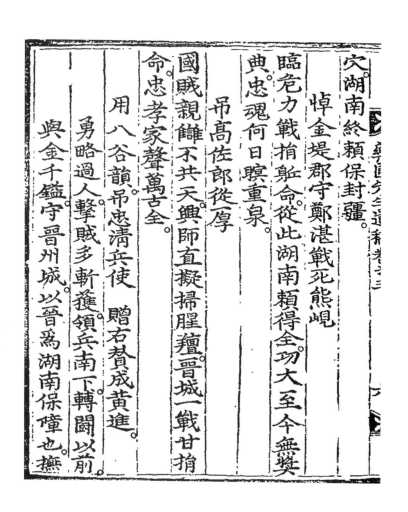

穴湖南終賴保封疆。

悼金堤郡守鄭湛戰死熊峴
臨危力戰捐軀命從此湖南賴得全功大至今無
斁典忠魂何日瞑重泉。

吊高佐郎從厚
國賊親讎不共天興師直擬掃腥羶晉城一戰甘捐
命忠孝家聲萬古全。

用八谷韻吊忠清兵使　贈右贊成黃進。
勇略過人擊賊多斬獲領兵南下轉鬪以前
與金千鎰守晉州城以晉為湖南保障也撫

12

錦山之戰主將高僉知馬什而逸。彭老卽以
所騎馬與之竟與同死彭老之奴亦感其義。
力戰而死。

湖南倡義子能先臨亂還甘性命捐更遣其奴同日
死芳名大節共流傳。

吊　贈僉知義兵將山人靈珪

清錦交兵挫銳鋒兩湖保障是誰歟紛紛食祿能無
恥髡釋先輸死國忠。

吊海南縣監邊應井討錦賊戰死

義兵兩將陣中亡賊勢憑陵孰敢當爲國忘身探虎

貳當國艱危擬匡躬滐兩望來朝野渇鵠鸞飛去竹

梧空浮生畢竟誰非夢且爲公私痛未窮

悼金淮陽鍊光遇害

紛紛州郡盡風靡確守君能竟死綏埋没至今無糞

典若人名節有誰知

悼助防將文夢軒吉州牧使李慎忠陷清正賊

鎮乘夜迸逸被執屠裂而死

文將早稱才有勇吉州元自智資身誤投虎口俱屠

戮毅魄猶爲本國臣

吊倡義從事官柳正字彭老

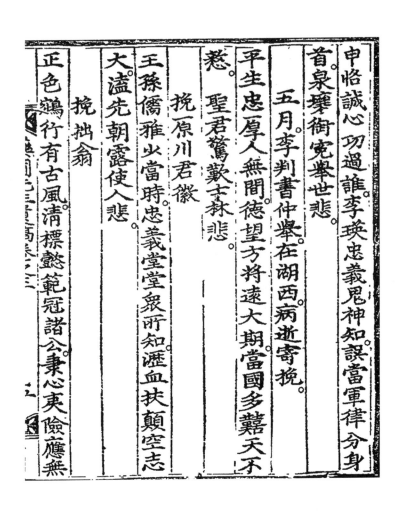

申恪誠心功過誰　李瑛忠義鬼神知誤當軍律分身

首泉壞衛冤擧世悲。

　　五月李判書仲擧在湖西病逝寄挽。

平生忠厚人無間德望方將速大期當國多囏天不

慭　聖君驚歎士林悲。

　　挽　原川君徵

王孫儒雅必當時忠義堂堂衆所知灑血扶顚空志

大瀘先朝露使人悲。

　　挽拙翁

正色鵷行有古風淸標懿範冠諸公秉心夷儉應無

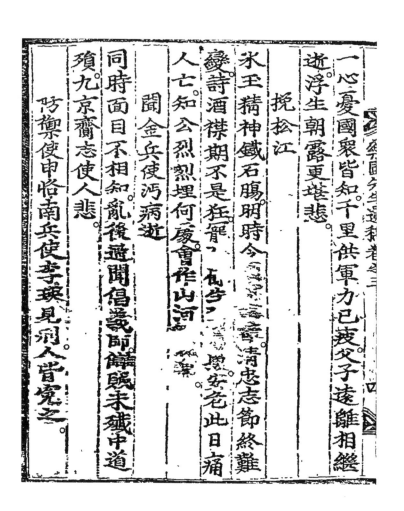

一心憂國衷皆知。千里供軍力已疲。父子遠離相繼

逝。浮生朝露更堪悲。

　挽松江

氷玉精神鐵石腸。明時今□□□□清忠志節終難

變。詩酒襟期不是狂。□□□□照安危此日痛

人亡。知公烈烈埋何處。曾作山河

　聞金兵使馮病逝

同時面目不相知。亂後遊聞倡義師。歸歟未殲中道

殞。九京齎志使人悲。

　防禦使申恪南兵使李瑛見刑人皆寃之。

肘可憐麟閣失元功。

挽禹大成景善

平生曾不負。君親憂國如家即古人審審朝端持
士氣堂堂秋義激王臣兩湖控引全孤島千里扶
殞一身鶴髮鸞輿應未暝為君衰淚倍沾巾

挽鄭輔德直茂

為器知瑚璉論材作棟樑斯人不重見後死詎能忘
旅櫬浮雲海孤骸返梓鄉如聞南冠滅兩目瞑泉黃
李判書公著與其子幼澄自初㡭駕帔復未
半而溘先朝露悼惜而賦之

猶子晸妻金氏相國銓之曾孫也遇賊持逼以

小刀自刎而死嘉其全節賦之。

李妻金氏栗貞純遇賊還能不失身性命鴻毛何足

惜頹波砥柱立彝倫

悼朴判書尚初金尚州士晦

尚初士晦相知久時可常稱性善良盡瘁王家俱得

死孤魂南北尚還鄉

元防禦豪亂初再捷驪江賊不敢近其後爲人

所制入金化鎮爲賊所害人皆惜之。

驪江再捷摧鋒銳臨敵人知膽力雄暴虎亡身終斃

6

計。秋風客淚為君霑。

扑衾議景進與其身潜遇害歌以寓哀。

平生孝友出于天忠信無他衷所賢兄焉同羅鋒刃

禍故人衰淚倍潸然。

李昌寧哲容病逝金正郎韞因亂餓死。

以道既云逝又聞君玉亡亂離親舊盡驚爲叫熟中腸。

季廷勵年廿六從義兵將趙汝式戰死于錦山

留而不秀余甚惜之。

年喻弱冠早知方賀爰從師志自強臨難忘身能取

舍朝聞夕死復何傷。

5

簡名與從容萬古芳。

聞李栗隱恩之壬辰三月廿八日暴逝痛哭之

餘無以爲懷爲短詞緘寄靈筵

已矣斯人逝人間益友亡亂離空悵望存沒只心傷

笑我餘生苦知君至樂長九原應更見靡粉永何忘

聞黃吉裁鄭弘遠訃

吉裁弘遠吾同丙慟矣今年相繼凶兩兄強健先朝

露多病殘生更何長

聞黃裁議景中訃

同門早托忘年契翰苑薇垣共肺肝白首亂離承遠

二

4

湖南人也有文武才倡義起矣自湖抵嶺過

賊挫銳亦死于晉州人皆惜之

曾聞才調技群曹世難方知節義高大業無成天不

助南人猶解詠干旄

吊宋東粲象賢

壬辰四月陵奴卒陷東粲府使宋象賢知不

可支先火官會武庫仍以自縊其從容就死

無愧於古人矣余惜其中殞嘉其立節以

吊之。

命矣斯人逢不祥雙親況復在高堂獨留風節傳靑

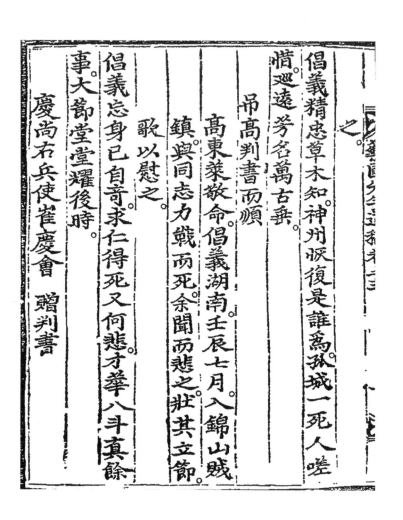

倡義精忠草木知神州恢復是誰爲孤城一死人嗟
之。

吊高判書而順

高東兼敬命倡義湖南壬辰七月入錦山賊
鎭與同志力戰而死余聞而悲之壯其立節。
歌以慰之。

倡義忘身已自奇求仁得死又何悲才華八斗真餘
事大節堂堂耀後時。

慶尚右兵使崔慶會 贈判書

藥圃先生遺稿卷之三

亂後悼亡錄

吊趙參判汝式　甲午加　贈判書

趙提督憲倡義湖西率其門徒直入錦山賊
鎭對壘力戰父子同死賊亦棄鎭而遁人皆
壯之。

明時遺直匪公誰倡義勤　王死不移千古英雄應
有淚奈何天道竟無知。

吊金賮咸士重

癸巳七月晉州爲賊所陷倡義使金千鎰死

난후도망록

亂後悼亡錄

영인 자료

《藥圃遺稿》 권3, 1727년, 한국고전번역원

여기서부터 영인본을 인쇄한 부분입니다. 이 부분부터 보시기 바랍니다.

역주자 신해진(申海鎭)

경북 의성 출생
고려대학교 국어국문학과 및 동대학원 석·박사과정 졸업(문학박사)
전남대학교 제23회 용봉학술상(2019), 제25회·제26회 용봉학술특별상(2021·2022),
제28회 용봉학술대상(2024)
제6회 대한민국 선비대상(영주시, 2024)
현재 전남대학교 인문대학 국어국문학과 교수

저역서 『오재 이유열 서행일기』(2024)
　　　『청천당 심수경 견한잡록』(2024), 『기재 박동량 임진일록』(2024)
　　　『남천 권두문 호구일록』(2023), 『말의 기억』(공저, 2023)
　　　『구포 나만갑 병자록』(2023), 『팔록 구사맹 난후조망록』(2023)
　　　『이탁영 정만록의 임진변생후일록』(2023), 『용주 조경 호란일기』(2023)
　　　『암곡 도세순 용사일기』(2023), 『설하거사 남기제 병자사략』(2023)
　　　『사류재 이정암 서정일록』(2023), 『농포 정문부 진사장계』(2022)
　　　『약포 정탁 피난행록(상·하)』(2022), 『중호 윤탁연 북관일기(상·하)』(2022)
　　　『취사 이여빈 용사록』(2022), 『양건당 황대중 임진창의격왜일기』(2022)
　　　『농아당 박홍장 병신동사록』(2022), 『청허재 손엽 용사일기』(2022)
　　　『추포 황신 일본왕환일기』(2022), 『청강 조수성 병자거의일기』(2021)
　　　『만휴 황귀성 난중기사』(2021), 『월파 류팽로 임진창의일기』(2021)
　　　『검간 임진일기』(2021), 『검간 임진일기 자료집성』(2021)
　　　『가휴 진사일기』(2021), 『성재 용사실기』(2021), 『지헌 임진일록』(2021)
　　　『양대박 창의 종군일기』(2021), 『선양정 진사일기』(2020)
　　　『북천일록』(2020), 『괘일록』(2020), 『토역일기』(2020)
　　　『후금 요양성 정탐서』(2020), 『북행일기』(2020), 『심행일기』(2020)
　　　『요해단충록 (1)~(8)』(2019, 2020), 『무요부초건주이추왕고소략』(2018)
　　　『건주기정도기』(2017)
　　　이외 다수의 저역서와 논문

약포 이해수 난후도망록
藥圃 李海壽 亂後悼亡錄

2024년 6월 25일 초판 1쇄 펴냄

원저자 이해수
역주자 신해진
펴낸이 김흥국
펴낸곳 도서출판 보고사

책임편집 이순민
표지디자인 김규범

등록 1990년 12월 13일 제6-0429호
주소 경기도 파주시 회동길 337-15 보고사
전화 031-955-9797(대표)
팩스 02-922-6990
메일 bogosabooks@naver.com
http://www.bogosabooks.co.kr

ISBN 979-11-6587-738-5 93910
ⓒ 신해진, 2024